ZHUOYUE
GUANLIZHE
SUZHIXIULIAN

卓越管理者素质修炼

郑一群◎编著

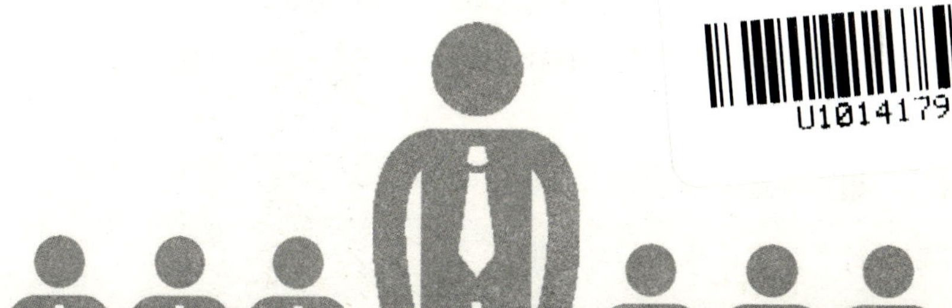

中国社会出版社
国家一级出版社★全国百佳图书出版单位

图书在版编目（CIP）数据

卓越管理者素质修炼/郑一群编著．—北京：
中国社会出版社，2013.1
ISBN 978—7—5087—4263—2

Ⅰ.①卓… Ⅱ.①郑… Ⅲ.①企业领导学
Ⅳ.①F272.91

中国版本图书馆 CIP 数据核字（2012）第 311051 号

书　　名：卓越管理者素质修炼
编 著 者：郑一群
责任编辑：薛丽仙

出版发行：中国社会出版社　邮政编码：100032
通联方法：北京市西城区二龙路甲 33 号新龙大厦
电　话：（010）66065618　（010）66082098
（010）66085300　（010）66063678
邮购部：（010）66060275　电传：（010）66051713
网　　址：www.shcbs.com.cn
经　　销：各地新华书店

印刷装订：中国电影出版社印刷厂
开　　本：170mm×240mm　1/16
印　　张：16
字　　数：240 千字
版　　次：2013 年 6 月第 1 版
印　　次：2013 年 6 月第 1 次印刷
定　　价：32.00 元

前言

一家企业能够做大做强并永葆兴旺，起决定因素的永远是人而不是物。为什么同样的产业，有的企业做得越来越好，而有些企业却搞砸了？主要原因就是成功的企业总有一批高素质的管理者充当着企业的栋梁与纽带。相反，那些失败的企业追根溯源其实是人的失败，是管理者无能的必然结果。

当企业发展蒸蒸日上，许多管理者发出“好风凭借力，送我上青云”的感慨时，有的管理者却感到了危机。现实社会中，好多企业的管理队伍整体力量和素质与企业发展的大环境相比，与现代企业的管理要求相比，都远远不够。加强管理队伍建设，提高管理者素质已经成为保证企业持续健康发展的当务之急。具有忧患意识的企业都高度重视和强化人力资源管理，他们始终把人力资源建设工作放在首要位置，努力为自己培养出一支高素质的管理队伍，让更多的管理人才担当起企业发展的栋梁。

作为一个管理者，如果只是被动地接受培养、磨炼，进步就会很慢；如果能够自强不息，积极进取，靠自己提升自己，进步就会比较大。所以，每一位渴望成长的管理者，都要强化五种意识，即忧患意识、奉献意识、责任意识、学习意识、创新意识，把自己塑造磨炼成为一名优秀的管理人才。

俗话说：先做人，后做事。要想成为一名优秀的管理者，首先要成为一位有修养的人。儒家经典《大学》中说：“古之欲明明德于天下者，先治其国，欲治其国者，先齐其家；欲齐其家者，先修其身；欲修其身者，先正其心。”这句经典之语，道出了人生修养的目的和方法。修养就是“正心修身”。只有美好的心灵才能够释放出美好的行为。修养就是以高尚的人生境界为目标，通过修正错误的思想行为，培养和拥有良好的品德素质，让人生沿着正确的方向前行，最终实现自己的人生价值。

从某种意义上讲，企业管理者就是一个企业或一个团队的灵魂，他决定着这个企业或团队的荣辱兴衰。所以，一个有强烈责任感的管理者更应该注重自身修养。

那么，一个企业管理人员应该拥有怎样的人格呢？

被誉为“经营之神”的松下幸之助认为，管理者不需要是万能的，但必须是品德高尚的人，谦虚、宽容、比较负责。大多数成功的管理者都深以为然。可以说松下幸之助高尚的人格造就了他人生和事业的巨大成功。

儒家有四个典句：“仁者无敌，勇者不惧，智者不惑，诚者有信。”如果我们每一位管理人员都能够以此为准绳，就不难塑造成为一名优秀的管理者。

“仁者”，就是要做一个有爱心的人。爱企业、爱员工、爱事业、爱家人……爱心是一个人最基本的情感。一个充满爱心的人必是一个热情、友好、快乐、正义、宽容的人，一个充满爱心的管理者，才会成为一个有责任心、有事业心、有使命感、有亲和力、有凝聚力、有魅力的团队领导。

勇者无惧。对一个战士来讲，做一个勇者就是要有“亮剑”精神，面对强敌而无所畏惧，冲锋陷阵赢得胜利。对一个企业团队的管理者来讲，勇者无惧，就是富有强烈的正义感，面对邪恶力量敢于斗争；在创业、发展的道路上遇到困难时，不退缩，不气馁，勇往直前，用顽强的毅力、管理的艺术去克服困难赢得成功。

当然，有勇无能绝非贤德，智者方能不惑。一个优秀的管理者还要注重文化修养，成为一个有道德、有思想、有智慧、有觉悟、有能力的人。

作为一个优秀的管理者，还要在学习中树立与时俱进的思想，无论是管理思想、经营策略、知识结构，都要跟上时代的步伐。只有热爱学习，不断进步，并能够消化吸收，为我所用，才能成为一个不惑的智者，一个有理论高度、思想深度，张弛有度、管理有方的管理者。

“诚者有信”，一个真诚的人才能树立威信，赢得广泛的信任。“精诚所至，金石为开。”诚乃做人做事的根基。诚信，是人的立身之本，每一个企业管理者更要视诚信为生命，构筑起人生的宝塔和企业的长城。

一个成功的管理者，首先是一个成功的自我管理者，一个能够自我约束、自我克制、自我革命、自我升华的人。希望每一位管理人员，都能够以发展壮大企业为己任，以塑造高尚的人格为圭臬，在发展自己事业的大道上实现美好的人生理想。

本书从管理者的人格魅力、角色定位、工作态度、行为准则、细节管理、学习能力、创新意识、愿景管理等八个方面，采用精彩案例加上深入浅出的理论分析，让所有的企业管理者明白：如何才能将自己打造成一个完美的企业管理者，让自己真正起到企业的桥梁纽带作用，也让自己成为企业不可或缺的人才。无论是渴望突破的中高层管理者，还是希望被提拔的基层管理者，都会在本书中找到自己所需要的智慧。

目录 CONTENTS

第一章　塑造管理者的人格魅力

品格是赢得别人尊敬的基石。就像一栋好房子不能建筑在沙滩上，值得别人尊敬的不朽声誉，也不能建筑在软弱的品格上。

——塞缪尔（管理顾问）

第二章 管理者如何做好角色定位

今天，卓越的领导能力关键在于影响他人的能力，而不是职位所赋予的权力。

——肯尼斯·布朗夏尔（美国管理顾问、作家）

第三章 管理者要端正自己的工作态度

对待事情的态度比事情本身更加重要。

——撒迪厄斯·戈拉斯（作家）

第四章　优秀管理者的行为准则

管理者带领人们去他们想去的地方。而伟大的管理者带领人们去他们不一定想去但应该去的地方。

——罗萨林·卡特（美国前总统卡特的夫人）

第五章　做一个注重细节的管理者

把每一件简单的事做好就是不简单，把每一件平凡的事做好就是不平凡。

——张瑞敏（海尔集团总裁）

第六章 管理者如何提升自己的能力

你所处的职位并不意味着你有权力去命令别人。它却意味着你有责任去指导你的下属，而你的下属也欣然接受你的指导。

——约翰·阿尔代（管理学专家）

第七章 提高管理者的创新意识

我们之所以不断前进，开拓新的项目，尝试不同的事情，是因为我们好奇，而正是这种好奇引领我们走向新的方向。

——沃特·迪斯尼

第八章　管理者要懂得愿景管理

昔日的老板只知员工是为他们工作的，这种想法为昔日的管理者所共有；而明天的管理者与员工有着共同的价值观和共同的目的，他们引导员工去实现既定的目标。

——杰克·韦尔奇（通用电气公司前首席执行官）

·第一章·
塑造管理者的人格魅力

ZHUOYUE GUANLIZHE SUZHI XIULIAN

品格是赢得别人尊敬的基石。就像一栋好房子不能建筑在沙滩上，值得别人尊敬的不朽声誉，也不能建筑在软弱的品格上。

——塞缪尔（管理顾问）

1. 江山之固，在德不在险

古人说："仕宦而至将相，为人情之所荣。"每一位管理者无不希望自己有一天能飞黄腾达，威名远扬，财源滚滚来。然而，说这句话的人可能不知道这个道理：追求名利是耻辱之根源。毕竟，只有懂得自我修养的人，才能够保住他的荣誉，受到众人的爱戴；不懂得自我修养的人，即使他官高显爵，最后还是会带来耻辱、遭人唾弃。

清朝康熙皇帝在告诫儿子即之后继位的雍正皇帝时说了一句话："江山之固，在德不在险。"康熙不愧为明君，他没有留下什么通鉴或语录之类的东西，但一句话就道出了坐江山、当管理者的真谛。

一个懂得自我修养的人，他为人清廉、忠诚于事业、处世公道、对下谦虚。因此，他很自然地能获得好的名声以及世人的肯定。而且，就算是他不要这份荣誉，荣誉还是会紧随着他。一个不懂得自我修养的人，他追求名利、不守本分、贪得无厌、不知道吸取失败的教训、不顾别人的利益。所以，这种人必然恶名昭彰，为世人所唾弃。这种人要想避免羞辱也是不可能的。

以廉为本，是我国封建社会清官的一个重要特征。在腐败的封建官场上，要保持个人洁身自好已属不易，而要志行修洁，拒贿肃贪，不以权谋私，更是难能可贵。他们有的为官"以不贪为宝"，淡泊名利；有的廉洁无私，开一代新风；有的清廉惠民，与腐朽官风作斗争，无不体现出优秀的品质和才干。

春秋时期，宋国有人得到一块美玉，思虑再三，献给上大夫子罕，遭子罕拒绝。献玉者以为子罕是怕宝玉有假而受蒙蔽，便强调说，已请治玉的专家作过鉴定，确实是稀世美玉。子罕说："我以不贪为宝，你以宝玉为宝，我若接受了你的宝玉，咱俩就失去了最可贵的东西。"子罕"不贪为宝"的行为，因此成为全社会弘扬的道德精神。

东汉名臣杨震，才华横溢，时人誉为"关西孔子"。他为官清正廉洁，不受私请，曾官至司徒、太尉。杨震调任东莱太守时，途经昌邑县境。此前为杨震所举秀才的昌邑县令王密，一直想报答杨震的举荐之情。这天夜里，他特地前往驿站拜谒。为略表酬谢之意，王密暗携黄金10斤，单独造访。杨震对此颇感不快："我知道你的为人，你却为何不了解我的秉性？"王密说："您放心，这么晚了，没有人知道这件事。"杨震回答说："天知，地知，你知，我知。你怎么会说没有人知道呢？"听了这番话，王密羞愧难当，只好歉疚地带着礼物告辞而去。杨震为官一生清廉，年老后，亲朋好友劝他为子孙置办产业，造福后代。杨震不为所动，且说："使后世称他们为清白吏子孙，以此遗留给他们，不是更加丰厚吗？"

许多管理者最后失败了，无不败在失去了操守，失去了正气。一个人想培养高风亮节的情操，首先要做到"如果不是我的，虽是一毫也不取"。子罕、杨震不贪、不取，就在于高风亮节的情操。宋代凌冲任合山知县时，有清廉的美名，离职检查行李时，发现包里有一块砚池，他看了看说："这不是我上任时带来的物品。"命人送回衙门。包拯为官也十分清廉，他离任端州时，只身而行，百姓过意不去，特地送他一块当地特产的端砚，包拯发现后投入湖中。据说不久落砚处出现一座沙洲，人称"砚洲"。并有人刻诗赞曰："星岩朗辉光山海，砚渚清风播古今。"这不正是"如果不是我的，虽是一毫也不取"吗！

管辖某个区域的官员，古代称之为"父母官"。"父母官"的职责是为人民服务，而不是骑在人民脖子上作威作福、暴敛民财。宋代张之才离任阳城知县，在汤庙作诗说："一官来此四经春，不愧苍天不愧民。神道有灵应信我，去时犹似到时贫。”宋代寇准担任宰相30年，却不肯为家人建造一间私房，处士魏野称赞他：“做官居在高位处，却无地方起楼台。”这就是清官的高风亮节。宋高宗曾经询问羊沂说：“你廉洁的名声很高，有人说你在闽中为官时不领俸禄，是真的吗?”羊沂回答说：“我因为贫穷才做官，怎么会不领俸禄呢？但是，不该接受的就不敢接受。”高宗感叹地说：“如果朝中大臣都像你这样，国家何愁不富强，天下何愁不太平?”

从某种意义上说，管理者事业的成功不是完全掌握在自己手中，而是掌握在别人的手中。真正的管理能力总是脱不了与人的关系。

有这样一句关于管理者的格言：“如果你自以为在领导，却没有人追随着你，那你只不过是在独行而已。”跟随者无法信任那些品格有明显瑕疵的管理者，人们也很难长时间追随这样的管理者——没有下属和你一起打拼，就算你具有全世界最伟大的理想和最完美的计划，也只能是孤掌难鸣。

在组织中，管理者的言谈举止是下属员工重点观察的目标。“十目所视，十手所指”，你的一举一动大家都在看着。你是否有较强的领导能力，能够顺利地带领下属实现组织目标，这不但有赖于目标自身的正确性，更有赖于自身整体道德素质的高尚性。

作为管理者，不论你的官职大小，你都拥有一种特殊的资源：人。而这种资源是独一无二的。它可能取之不竭、用之不尽；也可能很快就枯竭了。这完全取决于一个“德”字。

俗话说“德高而望重”。这种由下属意识中自发形成的非强制性权威感较之强制性的权威感要真实持久得多。

管理警句 ★★★

这个世界上成功的人之所以是少数，在很大程度上是因为人们尤其是管理者，忽略了成功要靠自己的道德素质去赢得公众支持这一基础因素。

2. 没有高尚的人格，就没有非凡的领导力

对一个人来说，最重要的是人格。而对于一位管理者来说最重要的则是人格魅力。没有高尚的人格，就没有非凡的领导力。

作为一名管理者，在日常生活的点滴之中无时无刻不体现自己的“人格魅力”，只不过有些人不重视自身修养，而渐渐丧失了人格，当然“魅力”也就无从谈起。

身为管理者就要严于律己，从小事做起。要时常关心下属，将他们的冷暖放在心上，对于一些有关个人利益的小事不要斤斤计较。对于管理者来说，没有什么比赢得人们的拥护和爱戴更为重要。

在林肯当选美国总统的那一刻，整个参议院的议员们都感到尴尬，因为林肯的父亲是个鞋匠。

当时美国的参议员大部分出身于名门望族，自认为自己是上流社会的优越的人。从未料到要面对的总统是一个卑微的鞋匠的儿子。

于是，林肯首次在参议院演说之前，就有参议员想要羞辱他。

当林肯站上演讲台的时候，有一个态度傲慢的参议员站起来说：“林肯先生，在你演讲之前，请你记住，你是一个鞋匠的儿子。”

所有的参议员都大笑起来，为自己虽然不能打败林肯但能羞辱他而开怀不已。等到大家的笑声停止，林肯说：“我非常感谢你使我想起了我的父亲。他虽然已经过世了，我一定会永远

记住你的忠告，我永远是鞋匠的儿子。我知道我做总统永远无法像我父亲做鞋匠那样做得那么好。”

参议院陷入一片静默。林肯转身对那个态度傲慢的参议员说：“就我所知，我父亲以前也为你的家人做鞋子。如果你的鞋子不合脚，我可以帮你改正。虽然我不是伟大的鞋匠，但我从小就跟父亲学到了做鞋子的艺术。”

然后他对所有的参议员说：“对参议院里任何人都一样，如果你们穿的那双鞋是我父亲做的，而它们需要修理或改善，我一定尽可能地帮忙。但是有一件事是可以确定的，我无法像他那么伟大，他的手艺是无人能比的。”说到这里，林肯流下了眼泪。所有的嘲笑声全部化成赞叹的掌声……

生活中，每个人都很注重自己的“人格魅力”，作为管理者更应如此。应不断地为自己的人格魅力添彩着色。

每个管理者都应当明白：一旦拥有了人格魅力，无形之中就等于建立了自己的竞争优势，如果你能给很多人留下深刻的印象，那你与他人建立合作的可能性自然就增加了。同时，你往往能做到更有效率地来协调人际关系，影响力也就会更大，也就更容易给对方留下难以磨灭的印象。

有人格魅力的人往往能够在成功的道路上畅通无阻。所以，培养你的人格魅力，使自己成为有人格魅力的人是你走向成功的重要基础。这就叫“人格魅力资本”。

一个才华横溢的人可能让你折服，你也可能会被一个妙语连珠的人所倾倒，你更可能对一个性情温和、充满宽容与友爱之心的人留下深刻的印象。所以，构成一个人人格魅力的最核心因素往往不仅仅是天赋与才华，更重要的是一个人的人格、一个人的个性。

什么是人格魅力？人格魅力就是别人对你的看法，他们通过你的外在表现、行动与思想，对你产生了喜欢乃至某种带有神秘色彩的感情，所以人格魅力本身是一种感情。而别人对你的感情是与你对他们的感情高度相关的。如果你的感情特征是积极的、友善的、温和的、宽容的，那么你的人格魅力就会大增；反之你就会成为一个不受欢迎的人。所以感情也影响了人格的很大部分。

人格魅力更是一个人精神和品德的内在属性。一个人精神和品质的吸引力，根本在于个人的喜爱、仰慕和渴望接近的性格品质。尤其作为管理者，具有人格魅力的管理者，能像磁石般的使众人聚集在他的周围。

一般地说，一个有魅力的管理者应包括以下几种人格特征：

（1）气质美

气质是一种精神因素的外部体现。如果一个人具有一定的文化修养、理想抱负、情感个性等，就更能显示出“气质美”。

（2）语言美

语言是人的力量的体现，是表现人的风度的重要载体和手段，它能塑造人的各种不同风度，而风度又能使语言的色彩和力量得到极大的发挥。所谓语言美，主要指说话文雅、用词恰当、口气和蔼热情、措辞委婉贴切、态度诚恳谦逊、尊重别人。

（3）行为美

在公共场合，除仪态端庄大方外，还必须讲文明、懂礼貌、热心维护社会主义公德。如不随地吐痰，不乱扔果皮及其他废弃物，以维护公共卫生；不大声喧哗、拥挤以维护公共秩序；在乘车、购物、看电影、游览名胜古迹等活动中，都要注意行为美。在平时待人接物上应热情相待。人们总是喜欢那些谦虚谨慎、举止能顺乎自然的人。

那么，一个人该怎样培养优雅的风度呢？

（1）从塑造美好心灵开始

一个人潜藏于内心深处的灵魂境界（诸如人格、人品、情操、格调）的高低，可以直接影响到一个人的风度。培养风度，先要培养人格。为人正直、坦率、表里如一、恪守承诺，这是最基本的。此外，人品的好坏直接影响人的风度。人品包括责任感、任务感、集体感、荣誉感、羞耻心等。人格和人品都是精神美的体现。

（2）培养聪明才干

古人说："腹有诗书气自华。"一个有深厚教养和坚定信念的人，自然能体现出非常吸引人的风度来。你应在培养聪明才智方面多下工夫，只有如此，才能使你的风度充满智慧的光环，显示出经久不衰的魅力。

（3）自身个性与社会角色的关系

由于个人的个性是由许多复杂因素共同作用形成的，会体现出不同的个性。个性不同，风度迥异。心理学原理告诉我们，任何一种个性、气质都有其优点，也有其缺点。一个人的气质往往是比较稳定的。培养风度美，不是要强求个人改变原有的个性和气质，让人套入一个刻板的模式中去，而是引导人们依据自身的个性和气质特征扬长避短，塑造具有鲜明个性特征的风度美。另外，每个人置身于特定的社会环境，而不是在"真空"中生活，每个人的个性、气质都是在与之相联系的人与人的社会关系中体现出来的。人在不同的人际关系中，充当着不同的社会角色，而不同的环境、场合、气氛，对人的个性、气质也有着严格的限制、不同的要求，并不是由着个性任意表现的。如严肃的场合，需要有严肃的风度；轻松愉快的气氛中，需要有活泼幽默的风度；对老人要有比较稳重的风度；对孩子应有亲昵的风度……各种交往关系、场合对风度有不同的要求。因而，一个人在复杂的社会环境中是多角色的，充当什么样的社会角色，就应有什么样的风度去表现，否则便会丑态百出、贻笑大方。

管理警句 ★★★

人格的伟大和刚强只有借矛盾对立的伟大和刚强才能衡量出来，心灵从这对矛盾中挣扎出来，才使自己回到统一。

3. 魅力≠十全十美

领导魅力是领导艺术的最高境界。领导魅力是无形的，它主要表现为对周围环境及下属的影响与感召力。

管理者要具有“魅力”。一个有魅力的管理者是能吸引更多的追随者的，但魅力并不是全部，不等于讨人喜欢。其实，一个成功的管理者有各式各样的个性和魅力。《财富》500强中的许多公司的成功的CEO们都被下属描绘为“令人乏味”甚至“讨厌”，但这并不妨碍他们成为优秀的管理者。

作为管理者，不用找个最成功的管理者设法去模仿他。因为真正对你最有效的管理方式，是发挥你个人的魅力所形成的管理风格。

日本理光株式会社是国际一流光学仪器企业，人才济济。然而，管理层却决定选用争强好胜、经常和下属发生冲突的市村清担任总经理。

市村清被员工们私下里称为“刺儿头”，任命他担任总经理的消息一经公布，在理光株式会社上下引起轩然大波。市村清并没有被困难吓倒，他上任后大刀阔斧地开展工作，依旧是得理不让人。因此，还是不断与下属发生争吵和摩擦。员工们有的不服、有的嫉妒、有的干脆采取不合作的态度。

市村清的内心非常痛苦，他知道自己的身份变了，不能再像过去那样，可是这种直来直去的性格却禀性难移。怎样做一个大公司的总经理才算合格呢？他决定去拜访一位前辈。

一天，他毕恭毕敬地坐在前辈面前请教：“您说像我这样性格刚烈的‘刺儿头’，是否不适合当管理者？”

“难道你想变成一个八面玲珑、见风使舵的人吗？”前辈一针见血地问道。

“我想是的，这样可能会好一些。”市村清小心地答道。

“不行，那绝对不行！”前辈严肃地说，“如果你磨去棱角，真的变成一个处世圆滑、一团和气的人，那你就和别人没有什么区别了，你就不是市村清了。与其谨慎地纠正缺点，还不如勇敢地发挥长处，这才是增强管理能力的上策。”

接着，前辈又为市村清打了一个形象的比喻，他说：“你就像日本的一种糖球儿，浑身满是棱角，还有许多小凹坑；如果把棱角凹坑磨去，是可以变成一个圆糖球儿，但那是个小糖球儿。如果随着年龄的增长，知识和阅历不断丰富，把自己的缺陷填满，你就会变成一个更大的糖球儿即一个成熟的管理者，你和普通员工的素质差别就更大了。”

前辈的一席话，使市村清豁然开朗。回到公司后，他感到干劲更足了，魄力更大了。在他担任总经理的时间里，他把理光企业经营得有声有色，而自己也逐渐成为一名出类拔萃的管理者。后来，市村清被提升为会社社长。

世界上没有十全十美的人，同样也没有“十全十美”的管理者，至少没有找到通常意义上“十全十美”的管理者。但我们遇到过一些在某一时期对某一组织而言也许是“完美”的管理者。

管理者也许只是在合适的时间里坐在了合适的位置上。也就是说，他们认识到了组织在某一时点上获得成功所需要的因素。这一点会因外部与内部情况及环境的不同而改变。

一位管理者，不管他拥有的魅力是什么，可能是一份坚持、钢铁般的意志、丰富的想象力、积极的态度或者是强烈的价值观，都可以把这些归结为领导魅力。切记住：坐而言不如起而行。

管理警句 ★★★

魅力就是这么一种能力，它通过你与他人在身体上、情感上以及理智上的相互接触，从而对人产生积极的影响。

4. 放下架子，亲近下属

放下架子是管理者与下属缩短距离的前提条件。一个管理者如果卖弄权势，那么他就等于在承认自己的无知；管理者卖弄富有，等于出卖自己的人格。摆架子的人，不仅与管理者之间的关系搞不好，与群众的关系也搞不好。

作为管理者，很容易有高高在上的感觉，通俗说就是“拿架子”。“拿架子”是没有好处的，对于下属而言，管理者本来高高在上，具有一种相对优越性。如果管理者不注意自己的“架子”问题，俨然一副高高在上、神圣不可侵犯的姿态，势必在自己与下属之间划出一条鸿沟，从而切断管理者与下属进行感情交流和沟通的纽带，拉远了上下级之间的距离，更不可能引起下属的心理共鸣。

我们经常会听到这样的议论：

“嗨！我们这个单位的领导，官虽然只有芝麻粒大，架子摆得倒不小。哼，他越是这样子，我们就越懒得理他。”

“你们单位的领导讲起话来怎么那个样子，拿腔拿调的，真让人受不了。”

对于爱摆架子的管理者，人们都不喜欢，但现在这样的管理者却不少，这些人不仅使管理者与被管理者之间的关系难处，而且管理者与被管理者之间的关系也难处。爱摆架子的管理者表现为：

（1）和普通百姓保持一点距离

爱摆架子的管理者平时紧绷着面孔，轻易不下基层，轻易不接触群众，他们把和群众开玩笑、打成一片看成是有损管理者威信的事。有时候在现场能了解的问题，爱摆架子的管理者却总是安排下属到办公室来向他汇报，问东问西，还不时提些问题，以显示管理者的气度和威严。

（2）自己比别人高明

管理者之所以能成为管理者，就是在某些方面比别人高明一些。但是，爱摆架子的管理者却将这一点过分绝对化了。不是认为自己高明一点，而是认为自己比下属要高明得多；不是认为自己在某个方面要高明，而是在所有的方面都高明，这种没有自知之明的心理所造成的结果，往往适得其反。

有一位总经理为了与下属拉近距离，他经常在业余时间里与员工玩扑克牌，以此作为与员工沟通交流的方式。在打牌过程中，大家无话不谈，性格中的优点和缺点充分暴露。牌打到兴奋处，小伙子们甚至会跟他友善地开玩笑，逗大家开心。大家在娱乐中相互了解，相互沟通。他不仅是下属工作上的管理者和权威，而且成了他们生活上的朋友和伙伴。

性格大大咧咧的王某这次课题任务完成得非常出色，午饭后这位总经理走进他们办公室，拍拍王某的肩膀笑道："我可不知道你长了这么聪明的脑袋，工作做得顶呱呱，写文章还有一手，真是妙笔生花！"而性情如姑娘般文静的小刘在工作会议上献一妙计，他眉开眼笑，当众夸奖道："别看小刘平时细言慢语的，但爱读书，善思考，满腹经纶，碰到问题能拿出锦囊妙计。他今天提供的这一建议，给我们提供了一个新的思路，对我们这一阶段工作意义重大。大家都应向小刘那样，注意读书、学习，蜂采百花成蜜嘛。"

这是一个多么风趣、和谐、自然的工作环境，这是与这位管理者善于放下"架子"分不开的，下属与他交往时才会感到亲切、自然，才会把自己的内心世界打开，管理者才能充分了解下属，深入其心灵深处，掌握其不同特点，称赞起下属来才会得心应手，对“症”下药。俗话说：“一把钥匙开一把锁。”这位管理者正是掌握了开启各位下属内心之锁的钥匙，他对下属的称赞才能真正使下属感觉到管理者鼓励的力量，既不会认为他故弄玄虚，更不会想到他是骗人的。

为什么有的管理者爱摆架子呢？这是由于在一些人的内心深处，形成了浓厚的等级观念，将人分为上中下几等，觉得官当得越大，似乎就越是高人一等。他们如果当了官，就扬扬得意，忘乎所以，情不自禁地显示出比别人高出一等的架势来。

从管理者的威信方面来说，那些借助自己的真才实学、高超的业务水平和工作能力，与众人建立亲密的感情关系的管理者，威信越大。而那些借自己的资历、官职的大小，常摆出一副官架子的管理者，其威信越小，容易成为孤家寡人。

过分突出自我，蔑视他人的存在，严重脱离群众，这不是现代管理者的做派。作为一名现代管理者，还是少摆架子为好。

管理警句 ★★★

♛ 聚集人马只是开始，继续共事可谓发展，同心工作才是成功。

5. 权力不是你的王牌

一只羊站在高高的屋顶上，看见一只狼从屋旁走过，于是骂道："你这只笨狼，你这只傻狼……"

狼向上望了望，对羊说道："你之所以能骂我，只不过是因为你站的位置比我高罢了。"

管理者有的就是权力，那么权力该怎么来理解、怎么来运用呢？

权力具有强制性，这种强制性就在于，企业给了每个层级上的管理者一些资源，他们再通过这些资源强制别人按照自己的意愿来做事。这种强制性的好处在于效率高。但它也有缺点，就是容易造成下属对权力的抗拒。因为人的本性是希望得到尊重的，没人甘愿自己被别人呼来喝去，即使他拿着你的薪水。这样一来，权力的强制性就是一把双刃剑。

权力是一个管理者影响他人或团队去做他们本来不会去做的事情的能力。有两种主要的权力来源：你在组织中的位置和你的个人特点。

在正式组织中，管理职位会带来权威——发号施令以及希望命令得以服从的权力。另外，管理职位一般会带来实施奖励和惩罚的权力。管理者可以布置令人向往的工作任务，指派下属做有意义或重要的项目，作出有利的绩效评估，以及建议给下属加薪。但是，管理者也可以布置谁都不想去完成的任务和工作轮班，把讨厌的或不引人注目的项目推给下属，作出不利的绩效评估，建议给下属令人不快的工作调换甚至降职，还不允许加薪。

你不一定非得做个管理者或拥有正式的权威才能享有权力。你也可以通过你的个人特点，如专长或个人魅力来影响他人。在当今的高科技时代，专门知识已经成为一种日益重要的资源。随着工作的日趋复杂和专业化，组织和组织成员必须依赖有专门知识或技能的专家来完成既定目标。举例来说，软件工程师、会计师、工程师等，在组织中可以利用他们的专长来行使权力。当然，魅力也是一种影响力的来源，如果你拥有魅力，你可以用这种魅力让别人做你想要的。

有一个寓言故事描述了北风与太阳斗智的情形：

北风自恃风力高强，要太阳向它俯首称臣，太阳也不甘示弱，于是双方争论不休。

正争着，见前面有一行人徐徐而来，于是它们相约以行人作为比斗对象，看谁能使行人脱下衣服就是赢家。

北风抢先出手，它杀气腾腾，不断施展其强烈彪悍的雄风，企图使行人就范。

却只见行人把衣领愈拉愈紧，虽然难以忍受，但是就是不肯松手。最后北风眼见其谋不遂，只好罢手。

接着轮到太阳施展身手，只见它绽开笑脸，缓缓施展其威力，于是寒气尽失，光辉普照。这些行人也就极其愉快地将大衣脱下来了。

这个故事告诉我们：仅仅依靠权力，虽然令人生畏，但也会使人极力反抗，即使人们敢怒不敢言，也难叫人心服口服。而魅力则使人自动解除情绪的武装，而诚心归顺，相形之下，权力显然无法与魅力一较高下。

徒有权力是不能使管理者赢得民心的，而优秀的素养显然是卓越管理者不可或缺的重要因素，因此，一个优秀的管理者必须牢记：不光要善于把握和运用权力，更要善于温和运用魅力；只有将权力和魅力两者结合起来，管理者才能实现对下属的真正管理！

权力能让管理者做到许多事情，但却并不能保证做得最好。

有人说领导艺术就是一种智慧，就是精心运用和实现手中的权力。这话一点没错，管理者经营着权力。他们通过发动他人按照他们的意愿行动来达到目标。他们让事情发生，使事情完成。

一个人在组织中的地位越高，他个人所拥有的权力也就越大。因为管理者的优越地位，他可以指挥和引导他人的活动，调解存在的差异，必要时也可以强制命令。所以，权力对管理过程来说至关紧要。权力就是倾听他人、化解冲突、说服他人的能力。权力还是抑制破坏性的不满情绪、防止人们讨论可能有破坏性的话题、压制没有好处的批评的能力。

因此，在许多人的眼中，管理者就是权力的代名词，意味着命令与遵从。这仅仅是权力的一种表象。因为，管理者在组织中并不拥有全部的权力。即使是那些最普通的员工也拥有某些权力。一般说来，权力受职务影响。权力都是与职务相连的，所以叫职权。权力的大小受职务大小的限制。你不能超出你的职务行使某种权力，也不能在你的职务范围内不行使这个权力。用多了叫滥用权力，用少了叫不负责任。

所以说，你有多大的权力就有多大的责任。当你是一个管理者的时候，不光意味着权力，更意味着责任（和职务相关的责任）。职责不光是指你“管”的范围。举个例子，营销总监的职责不光是对全公司的营销进行管理，更多的是承担培养的责任、发展的责任、激励的责任。

不要相信权力是万能的，因为权力不能带给你的东西太多。

权力不能带来激励……

人的需求是内在的，你用权力不能够激励它，因为不一定能满足他的需求。

很多管理者会说，谁说我不行，年末的时候，我给他红包，他不是对我千恩万谢的吗。实际上你知道下属在想什么。他们会说，这是我应该得的，甚至还有人会说，早该给我们了，本来按季度发，现在到年底才发，你们得省多少钱啊。

权力不能使人自觉……

权力是把自己的意愿强加于人，有可能你的意愿刚好是别人想做的事情，更多的时候是你的意愿跟别人的不一样。迫使别人做事情怎么能带来自觉呢?

权力不能使人产生认同……

有些管理者一拍桌子：就这么定了！一次两次有效果，时间长了，下属就跟你软磨硬泡了，甚至当面跟你顶撞。原因很简单，权力不能使人产生认同。

权力对下属的影响有限……

有个小故事非常经典，说的是有个老总喜欢讲笑话，他一讲笑话，公司里的人就哈哈大笑，有一天，这个老总又在公司里讲笑话，大家又哈哈大笑。忽然他发现有个员工面无表情，就点他的名问：“哎！你怎么不笑啊?”那员工只冷冷回敬了一句：“我明天就走了。”

在今天，“管理者”一词被赋予的内涵从来没有如此丰富过，它已不再是人们心目中强硬的铁腕象征。“权力”更多地依附于影响、支持、信任、实现目标等诸多要素而发挥作用。

管理的过程不再是简单的命令与执行，而是一种将组织与个人的潜力释放的催化过程。其任务是去发现、发展、发挥、丰富和整合组织与个人业已存在的潜力。布兰查德说：“今日，真正的领导权来自影响力。”权力必须靠管理者自己争取，除非下属赋予你权力，否则你根本无法指挥他们。

一个“权力万能论”的信奉者，不久就会发现，单纯的权力不可能给组织以永续的成长与发展。

管理警句 ★★★

♛ 徒有权力是不能使管理者赢得民心的，优秀的素养显然是卓越管理者不可或缺的重要方面。

6. 用榜样的精神带动员工

现代管理者是美的生活的组织者、引导者、感受者和创造者。作为管理者，自己首先应该是美的化身。尊敬是赢得的。没有人能通过也不应该通过发号施令获得他人的尊敬。

人们根据管理者所做的而不是他所说的，对他作出判断。因此，管理者必须重视以身作则为下属做出表率。在进行日常的工作时，管理者要意识到大家正在看着自己，自己的榜样作用对员工有很大的影响，当然要比口头建议、发表讲话或其他形式的交流效果要好得多。

但令人遗憾的是，一些管理者在达到了某个级别之后，他们不遵守过去的标准，却希望他们的下属能够遵守这些标准。管理者甚至相信，他们的职责是命令别人去做，他们自己做不做却并不重要。最大的错误在于，如果连他们对自己做这些事情都没有坚定的信心，那么让别人去做也不会带来任何成绩。

管理者是组织中的一员，但又不是一般的成员。手中握有对整个组织实施管理的权力，肩上担负着保证组织生存与发展的责任。这就要求管理者的品德和才能要高于一般的组织成员，其行为的水准要高于群众，而不能混同于群众。"管理者"一词含有走在前面的意思，就是率领群众向着既定目标前进。这就要求管理者要在行为上做组织成员的榜样。

在一个组织中，人们往往模仿管理者的工作习惯和修养。由于管理者的职责大于一般人，其引人注目的程度就远非一般人可比。群众的目光总是时时刻刻在管理者身上扫来扫去。管理者的一言一行、一颦一笑，都会被群众审视和仿效。管理者的行为有利于组织，群众会仿效；管理者的行为有损于组织，群众也会仿效。这种普遍存在的"向官"效应，决定了管理者必须牢固树立榜样意识，严于自律，在行动上为群众做出好的表率。

通常在与管理者相处一段时间以后，下属容易变成和他们上司一模一样的人，因为人们的确会从他们的上司那里寻求指导。这种效仿，不管是有意识的还是下意识的，都会渗透在他们工作的方方面面。所以，你希望什么样的人为你工作？不管是行为上的还是交流层面的，你希望获得什么样的结果？一切从自己开始！

最有效的管理者方法是身体力行，而不是发号施令。

孙策是三国时期才干出众的军事家和政治家。吴国的基业，多半是由他创下的。他的父亲孙坚，实际上从属于南方的袁术势力，生前虽有建树，却因受袁术操纵，跨江击刘表而身死。孙坚死时，孙氏基业几乎减缩到零。年仅17岁的孙策在袁术手下干了一段时间，就渡江而去，逐个击败江东的大小割据势力，创立了一个强有力的孙氏政权。可惜的是，这颗耀眼的明星升起时间不长就陨落了。纵观孙策短暂的一生，是锐意进取、开拓创业的一生。

在孙策身上诸多的优秀品质中，有一点十分突出，就是身先士卒。从《三国演义》第五十回的“太史慈酣斗小霸王，孙伯符大战严白虎”中就可见一斑。作为江东的霸主、三军的统帅，按常理，孙策的主要任务应当是指挥作战，而不应亲自冲锋陷阵，但孙策认为，如果自己“不亲冒矢石，恐将士不用命耳”。所以，他常常亲自出马，与敌方战将面对面拼杀。凭着高强的武艺和超人的胆识，他与刘繇手下猛将太史慈杀得不亦乐乎，其情形与典韦战许褚、张飞战马超颇为类似。但是典韦、许褚、张飞、马超都是彪悍的战将，孙策则是一个军事集团的首脑。在另一次战斗中，刘繇部将于麋与孙策交战不到三个回合，被孙策生擒，挟在掖下回阵，刘繇另一部将樊能挺枪来赶，孙策回头大喝一声，声如巨雷，樊能惊骇，栽下马破头而死。孙策回到门旗下，于麋已被挟死。孙策挟死一将，喝死一将，自此人称“小霸王”。

在成功的道路上，人们迟早会遇到指责和批评，如果你想成为一名出色的管理者，你应该去迎接暴风雨的洗礼，接受批评和指责。

管理警句 ★★★

世界上最有力的论证莫若实际行动，最有效的教育莫过于以身作则；自己做不到的事千万不要要求别人；自己也要犯的错误先批评自己，先改正自己。

7. 激情+感染力=动力

作为管理者，要把激情带给自己的员工，用自己的激情来感染你的员工。若一个组织中管理者失去了激情，整个组织中的员工也肯定会垂头丧气。“天时不如地利，地利不如人和。”在天时、地利与人和三个因素的对比中，人和更为重要。

一个拥有强烈的激情但缺少技巧的管理者，远远胜过一个有很强的技巧但缺乏激情的管理者。

对于一个人的成功，我们看到的常常是人们的资历、智能、教育以及其他背景等因素。但如果你仔细观察卓有成效的管理者，就会发现他们并不符合一般的刻板模式。

要想把目标变成现实，就必须使管理内部具有昂扬的精神和充沛的激情，以此来感染全体成员。一个能够调动组织成员潜能的管理者，可以使人振奋，同舟共济充满激情。同时，管理者要重视情感的交流，用最佳的方式点燃每个人心中的热情。

在美国前500名大企业的总裁中，其中有50%以上在大学时代成绩平均在C或C以下。历届美国总统有将近75%在学校成绩是平均水准以下。那么，是什么因素使一个看起来平凡的人取得伟大的成就？答案是激情。一个人富有激情就能使他与众不同。试想一个人如果不热爱自己的事业，又怎么能奢望成功。

没有激情很难产生工作的动力，就像一支小火把只能带出微弱的光热。激情的火焰越强烈，潜在的成功就越大。当一颗心被燃烧起来时，绝望就消失了。这也是为什么激情洋溢的管理者总是具有感染力的原因所在。

日本索尼公司很注重用亲情感化员工，公司内的领班、工长每天早晨用5分钟时间开个短会，与当班工人会面。发现谁的脸色不好或情绪低落，总要问清原因，职工若有某些困难，公司都设法帮助解决，这种做法极大地调动了员工为公司努力工作的积极性。广州中国大酒店围绕解决3000名职工最困难、最苦恼、最实在的问题，使职工从衣食住行等无所不包的事实中，得到酒店无微不至的关怀，切身体验到了集体的温暖，从而激发出巨大的热情和能量。每个人都以集体为重，出色地履行自己的职责，以优良服务获得了顾客的好评。只用7年时间，就还清了38亿元贷款，上缴了近亿元税金。用酒店职工的话说，这是产生了“爱心效应”。

人们心中的激情是无可取代的，它是意志力的燃料。如果真的想要去做某件事情，你就会有足够的意志力去完成它。而要产生那样的欲求，唯一的办法就是点燃你心中的激情。

如果你决心追随自己的热望，而不是别人的期望，那么，你一定会变成一个更愿意付出代价、更有创造力的人。这也会使你对人的影响力大大增加。最后，你的激情将会比你的个性更能影响他人。

人们意识到，寻找某个职位并不是为了实现个人爱好。明白了这一点，并选择与自己理想和价值观相符的生活已成为人们的转折点。有人认为：“生活就是和谐，如果不完全和谐就是精神苦恼，这是不值得的。”社会学家托尼·坎波罗认为：“我们今天正处于一个过分看重物质的时代，不仅如此，我们的感情也在逐渐退化乃至坏死。我们不再自由歌唱，不再手舞足蹈，我们甚至连犯罪都带有几分懒洋洋的样子，缺乏生机活力。”

如果激情不再是你生命中的一部分，那么，你要成为一个管理者就有困难了。司汤达说过："在热情的激昂中，灵魂的火焰才有足够的力量把创造天才的各种材料熔为一炉。"事实上，作为管理者如果连你自己都感受不到激情了，那么你就无法有效地去管理别人。如果你心中缺少一把火，你就无法在你的组织中燃起烈火。

管理警句 ★★★

没有激情，人只不过是一种潜在的力量。就像火石，在它能够发出火星之前等待着铁的撞击。

8. 合理利用狂风和细雨

管理者在执行工作中，怀柔虽好，但过犹不及，过度的怀柔，会影响到你的权威。因此，管理者该挥起大棒，就要挥起，但一定要掌握方法和分寸。

上下级之间的感情交流，不怕波澜起伏，最忌平淡无味。有经验的管理者在这个问题上，既敢于发火震怒，又要有怀柔的本领；既能拍你一巴掌，又能给你揉一揉。

我们知道，大型水库在每年的汛期时都要开闸放水用来冲沙，如果不及时开闸放水，就会导致溃坝或泥沙堆积使水面上升。在人际关系中，尤其是管理者和下属之间也是如此。心灵的"水库"积累怨气太多时，必然会宣泄出来。因此，当下属有怨气要宣泄时，就要采取一定的方式让他宣泄。有沙不冲会破坏水库，同样，有怒气不宣泄会憋出病来。

在平时工作中，适度适时的发火是必要的，特别是原则问题或在公开场合碰了钉子时，或对有过错的人帮助教育无效时，必须以发火压住对方。当管理者确实是为下属着想，而下属又固执己见时，管理者发多大的火，下属也会理解的。

但是，发火不宜把话说过头，不能把事做绝，那样的话就达不到说服的目的了。而应注意留下感情补偿的余地。管理者话一出口，一言九鼎，在大庭广众之下，一言既出，驷马难追，而一旦把话说过头则事后骑虎难下，难以收场。

发火应当虚实相间。对当众说服不了或不便当众劝导的人，不妨对他大动肝火，这既能防止和制止其错误行为，又能显示出管理者的权威性。但对有些人则不宜真动肝火，而应以半开玩笑、半训斥的方式去进行。使对方不能翻脸又不敢轻视。

另外，发火时要注意树立一种被人理解的“热心”形象，要大事认真，小事随和，轻易不发火，发火就叫人服气，长此以往，管理者才能在下属中树立起令人敬畏的形象。令人服气的发火总是和热诚的关心帮助联系在一起的，管理者应在下属中形成“自己虽然脾气不好但心肠热”的形象。

日常发火，不论多么高明总是要伤人的，只是伤人有轻有重而已。因此，发火伤人后，需要采取些怀柔政策，即进行感情补偿，因为人与人之间，不论地位尊卑，都是有自尊的。妥当地善后要选时机，看火候，过早了对方火气正旺，效果不佳；过晚则对方积愤已久不好解决。因此，以选择对方略为消气、情绪开始恢复的时候为佳。

抚慰心灵受伤的下属，要视不同的对象采用不同的方法，有的人性格大大咧咧，是个粗人，管理者发火他也不会放在心里，故善后工作只需三言两语，象征性地表示就能解决问题。有的人心细明理，管理者发火他能理解，也不需花太大的功夫。而有的人则死要面子，对管理者向他发火会耿耿于怀，甚至刻骨铭心，此时则需要善后工作细致而诚恳。对这种人要好言安抚，并在以后寻机通过表扬等方式予以弥补。还有人量小气盛，则不妨使善后拖延进行，以天长日久的功夫去逐渐感化他。

管理警句 ★★★

在管理者指挥业务上，没有令对方与下属感到畏惧的威慑力，是不容易尽责称职的。单是一张和蔼的脸，一番漂亮的言辞所起的作用，也是非常有限的。只有恩威并施，才能驾驭好下属，发挥他们的才能。

9. 坚定的信心和意志

管理者的兴趣爱好、情感、情绪以及气质、性格，一般说来直接表现在外，使人能马上看到和体会到，具有明显的特点。然而还有一些心理素质是深藏于内的，并不直接表现出来，而是通过其他形式委婉地表达出来，使人不易察觉，却对管理者工作有着深远影响力，比如管理者的信心与意志力等。因此作为管理者应当学会培养自己这些心理素质，使它为成功打下坚实的基础。

信心和意志力是行动的基础，是人走向成功的非常重要的心理素质。一个管理者只有充满必胜的信念，对自己所从事的事业确信无疑，并且有坚忍不拔的意志力，他才可能迈出坚定的步伐，才能产生克服万难的力量和技巧，想出解决问题的方法和对策，赢得他人的信赖和支持，最后才能达到为之奋斗的终点。

首先，信心和信念是成功者应具备的最基本、最重要的心态，是管理者必不可缺少的心理素质。一个乐观自信、深信自己所从事的事业会成功的人，必定会走上成功之路。相反，一个怀疑自己能力、对未来失去信心的管理者，必然不会取得成就、走向成功。

信心和信念能够激发人的情绪和力量，调动人的积极性，充分开发人的智慧和潜力，坚定人的意志，去完成任务、实现理想，甚至成就伟大神圣的使命。

相反，一个管理者没有必定成功的信心，对所进行的工作充满怀疑，那么，他就不会全身心地投入，遇到困难马上就会停滞不前，使事业半途而废，前功尽弃。

中国著名的民族工业家荣敬宗、荣德生兄弟曾对他们的成功作出这样的表述，“非持有充实之资本，乃持有充实之精神”。荣氏兄弟事业的开端是与人合伙办的保兴面粉厂，因规模小、设备简陋，受外国面粉的压力及地方势力的恶意中伤，面粉销路不畅，获利微薄。大股东朱仲甫觉得前途渺茫，对未来失去信心而撤股退出。在散伙的威胁面前，荣氏兄弟办厂的坚定信念不改，他们扩充了资本，改进了设备，改组保兴为茂新，面粉质量和产量都明显提高，赢得了市场信誉，渡过了难关。

但茂新的发展并非从此一帆风顺。茂新面粉厂以后又连年遇到大量倾销的外国面粉的挤压，又加上许多新建的民族面粉厂纷纷开工，市场竞争激烈，面粉价格不断下跌，使茂新连续三年出现大量亏损。这时有些股东对企业又失去信心，将股份廉价售出。但是荣氏兄弟认为，面粉工厂是关系民生的行业，只要增强企业自身的竞争能力，就大有可为。他们依然信念坚定，信心十足，不改初衷。他们一面收购了一部分股份，一面大量借款进行设备的再更新，严把质量关，再创价廉物美的新产品。结果，在大多数面粉厂产品滞销的情况下，茂新的的产品独树一帜，畅销市场，大量赢利，一年就还清了各项欠款。

他们以此为起点，不断发展壮大，终于成为闻名遐迩的“面粉大王”，并先后创建了茂新面粉公司、福新面粉公司和申新面粉公司等三个企业系统及其附属企业，成为近代中国民族工业企业中规模最大的一个企业集团，获得了空前的成功。如果他们在面对困难时，失去信心，信念不坚定，也像其他合伙人或股东一样撤退，企业早就倒闭了，绝不会有日后的辉煌。

其次，一个管理者一旦具有了必需的信心和信念，就会马上付诸行动，着手实施已制订的方案、计划，但在这个过程中会遇到各种困难，有时还会是意想不到的各种阻力，可能会遭受一次次失败的打击。这时，作为管理者，如果没有坚强的意志和毅力坚持到底，美好的理想、远大的目标都会付诸东流，已建立起来的信心和信念会在顷刻间被推翻。

意志，就是自觉确定目的，并根据目的来支配、调节自己的行动，克服困难，从而实现目的的心理过程。人们为了实现某种预想的目的，根据自己对客观现实的认识，能动地、坚决地克服困难，去变革客观实在的活动叫做意志活动。在意志活动过程中，个人形成的意志特点，就是一个人的意志品质。

北宋时期，著名的政治家王安石为了使社会有一个大的发展，更好地维护皇帝的统治，进行了全面的改革，开始得到了当政的宋神宗的支持。可是，新法的推行触及了一些官僚地主的利益，遭到了保守派官僚、外戚和宦官们的大肆攻击，再加上变法时用人不当，内部出现了分裂，特别是支持变法的皇帝——宋神宗也听信谗言，开始动摇，致使变法再也推行不下去了，最后变法以失败而告终。

可见，管理者的意志不坚定、没有主见，只会造成事业的失败，带来人心的涣散。

管理警句 ★★★

♛ 诸如意志、耐心、率直等都是一名优秀管理者不可或缺的涵养，管理者唯有从这些方面不断锻炼自己，才能真正成就一番属于自己的成功事业。

10. 信守诺言——管理者的生命

管理者的生命是什么？是信守诺言！

作为一个管理者，记性一定要好，既要记得下属的名字，更要记得曾对下属说过的每一句话。切记不要忘记你曾说过的话，否则你将失去管理者的信誉。

管理者的信誉是一种巨大无比的影响力，也是一种无形的财富。管理者如果能赢得下属们的信任，众人自然就会无怨无悔地服从他、跟随他。反之，如果经常言而无信、出尔反尔、表里不一，别人就会怀疑他所说的每一句话、所做的每一件事。日本经营之神松下幸之助说过："想要使下属相信自己，并非一朝一夕所能做到的。你必须经过一段漫长的时间，兑现所承诺的每一件事，诚心诚意地做事，让人无可挑剔，才能慢慢地培养出信用。"假如你要增进更多的领导魅力，必须努力做好一件事：让你的伙伴称赞你是一位言行如一的人。

假如你想拥有卓越的驾驭下属的能力，就必须做到言必行、行必果。

这些忠告应时时出现在心里：不要承诺尚在讨论中的公司决定和方案，不要承诺办不到的事，不要作出自己无力贯彻的决定，不要发布你不能执行的命令！

假如打算说话一诺千金，就必须诚实。因为诚实是高尚道德标准的一种体现，意味着人格的正直、胸怀的坦荡而且真挚可信。想成为别人的榜样吗？那就诚实地对待别人吧！

假如能抓住、理解并实践责任和荣誉的重要性，也有一些技巧供你参考：知道什么该说，什么不该说；知道对不同的对象讲话方式不一样；知道在不同的场合讲话方式不一样；知道讲话的技巧，不求刻板；知道讲话有余地，而不要一下子把话说死；知道讲话不是凭情绪来的，而是凭理性的；知道把话说到什么程度最合适；知道说过的话，就要算数！

假如你想发展高水准的诚实品质，请记住这些忠告：在任何时候做任何事都要以真挚为本；说话做事都力求准确正确；在任何文件上的签字都是你对那个文件的名誉的保证，相当于你在个人支票、信件、备忘录或者报告上的签字；对你认为是正确的事要给予支持，有勇气承担因自己的失误而造成的恶果；任何时候不能降低自己的标准，不能违背自己的原则，不能欺骗自己；永远把义务和荣誉放在首位，如果你不想冒放弃原则的风险，那你就必须把你的责任感和个人荣誉放到高于一切的位置上。

慎勿毁约。毁约近似于说谎。对下属说谎，无异于在下属面前翻脸不认账，自毁形象！下属对主管感到不满的，通常说谎者占绝大多数。因此，主管对于下属有一件事绝对要避免，那就是“毁约”。

莫非世上有这么多爱说谎的上司？实际上，经过仔细推敲之后发现，有许多上司说谎多半是迫不得已的：有时上司内心并不想说谎，但由于各种因素，造成主管无法履行约定；也有时上司本身了解真相，说出来的时机还不成熟，因此被迫说谎，但是下属并不了解整个事件的性质；还有时是因为上司发生了误会，记错、说错或听错而造成的。即使如此，上司也不能轻率地处理此事。上司应该坚守一项原则——我绝不对下属说谎。

下属通常会随时注意上司的一言一行。一旦发现上司的错误或矛盾之处，就会到处宣扬。虽然这与信赖并不矛盾，但是被抓住小辫子也不是一件光彩的事。实际上，下属对上司的信任程度，多半超过上司的想象。因此，一旦下属认为“我被骗了”，那么他对上司所产生的愤怒是无法估量的。

你可能碰到原先认为可以完成的任务却突然失败的情形，因而无法履行和下属的约定。此时，你应该尽早向对方说明事情的原委，并且向他道歉。若你说不出口，而又没有找到解决的办法，事态将变得更加严重。如何道歉呢？道歉的诀窍在于尊重对方的立场。一开始你必须表示出你的诚意，若你只是一味地为自己辩解，企图掩饰自己的过失，只会导致严重的后果。说谎的恶名一旦传开来，就会很难消除，必须花费相当长的一段时间，才能将此恶名根除。

在工作中，如果你必须说谎时，最好在事后找个机会说明真相。但说明不能只是一个借口。毕竟对方因为你的谎言而陷入不利的处境，或遭遇不愉快的事情。因此，你应先对你的谎言诚恳地道歉，然后再加以补充说明。如果对方能够了解你的用心，是最好不过了。但是，一诺千金不能只停留在口头上，而必须付诸行动！言行不一，欺骗下属是管理者必须克服的毛病。否则，管理者会自食苦果，毁于一旦！

怎样建立信誉？应从说过的每一句话开始，从每一个行动开始，做到言行一致，诚信待人。你会发现你的责任感增强了，影响力也逐渐提高了。

管理警句 ★★★

要想成为一个优秀的管理者，必须始终遵守一诺千金的信条。对自己的每一句话负责到底。“一言既出，驷马难追”是必须做到的事。

趣味测试：

人格魅力测试

一、菲尔人格的十项测试题

1. 你何时感觉最好？

A. 早晨　　B. 下午及傍晚　　C. 夜里

2. 你走路时是

A. 大步地快走　　B. 小步地快走

C. 不快，仰着头面对着世界　　D. 不快，低着头　　E. 很慢

3. 和人说话时，你……

A. 手臂交叠站着　　B. 双手紧握着

C. 一只手或两手放在臀部　　D. 碰着或推着与你说话的人

E. 玩着你的耳朵、摸着你的下巴或用手整理头发

4. 坐着休息时，你的……

A. 两膝盖并拢　　B. 两腿交叉

C. 两腿伸直　　D. 一腿蜷在身下

5. 碰到你感到发笑的事时，你的反应是……

A. 一个欣赏的大笑　　B. 笑着，但不大声

C. 轻声地咯咯地笑　　D. 羞怯地微笑

6. 当你去一个派对或社交场合时，你……

A. 很大声地入场以引起注意　　B. 安静地入场，找你认识的人

C. 非常安静地入场，尽量保持不被注意

7. 当你非常专心工作时，有人打断你，你会……

A. 欢迎他　　B. 感到非常恼怒　　C. 在上述两极端之间

8. 下列颜色中，你最喜欢哪一种颜色？

A 红或橘色　B. 黑色　C. 黄色或浅蓝色

D. 绿色　E. 深蓝色或紫色　F. 白色　G. 棕色或灰色

9. 临入睡的前几分钟，你在床上的姿势是……

A. 仰躺，伸直　B. 俯躺，伸直

C. 侧躺，微蜷　D. 头睡在一只手臂上　E. 被子盖过头

10. 你经常梦到自己在……

A. 落下　B. 打架或挣扎　C. 找东西或人　D. 飞或漂浮

E. 你平常不做梦　F. 你的梦都是愉快的

二、菲尔测试题得分标准

经过上述十项测试后，再将所有分数相加：

1. A2　B4　C6

2. A6　B4　C7　D2　E1

3. A4　B2　C5　D7　E6

4. A4　B6　C2　D1

5. A6　B4　C3　D5

6. A6　B4　C2

7. A6　B2　C4

8. A6　B7　C5　D4　E3　F2　G1

9. A7　B6　C4　D2　E1

10. A4　B2　C3　D5　E6　F1

三、菲尔博士分析：

低于21分：内向的悲观者

你是一个害羞的、神经质的、优柔寡断的人，永远要别人为你作决定。你是一个杞人忧天者，有些人认为你令人乏味，只有那些深知你的人知道你不是这样。

21~30分：缺乏信心的挑剔者

你勤勉、刻苦、挑剔，是一个谨慎小心的人。如果你做任何冲动的事或无准备的事，朋友们都会大吃一惊。

31~40分：以牙还牙的自我保护者

你是一个明智、谨慎、注重实效的人，也是一个伶俐、有天赋、有才干且谦虚的人。你不容易很快和人成为朋友，却是一个对朋友非常忠诚的人，同时要求朋友对你也忠诚。要动摇你对朋友的信任很难，同样，一旦这种信任被破坏，就很难恢复。

41~50分：平衡的中道者

你是一个有活力、有魅力、讲究实际而且永远有趣的人。你经常是群众注意力的焦点，但你是一个足够心理平衡的人，不至于因此而昏了头。你亲切、和蔼、体贴、宽容，是一个永远会使人高兴、乐于助人的人。

51~60分：吸引人的冒险家

你是一个令人兴奋、活泼、易冲动的人，是一个天生的领袖，能够迅速作出决定，虽然你的决定不总是对的。你是一个愿意尝试机会、欣赏冒险的人，周围人喜欢跟你在一起。

60分以上：傲慢的孤独者

你是自负的自我中心主义者，是个有极端支配欲、统治欲的人。别人可能钦佩你，但不会永远相信你。

·第二章·

管理者如何做好角色定位

ZHUOYUE GUANLIZHE SUZHI XIULIAN

今天，卓越的领导能力关键在于影响他人的能力，而不是职位所赋予的权力。

——肯尼斯·布朗夏尔（美国管理顾问、作家）

1. 权力+影响力=魅力

管理者用权是一个复杂的过程，管理者的身份和社会地位、组织系统的结构优化程度、人际关系、授权与分工、社会心理、管理方式、管理者素质、传统习惯、理想信念等，都会对管理者权力运用的效果产生不同的影响。

只有用好权力这个利器，管理者才会得到应有的尊重，才会增加自己的魅力。

管理者地位身份的取得有其合法性、正当性，连同职位就有一定的权力与责任。在合法的范围内，他可提出要求、命令与指挥、调度，同时他要对使命与目标负担全部责任。

凡是管理者手中都有其职责范围内相应的权力，在运用权力的过程中，有的人大显身手，有的人政绩平平，有的人专权越权，还有的人甚至滥用职权。可以看出权力在实际的管理过程中，可以发挥不同的作用，引起不同的效果。

管理者在对下属成员的表现予以评定时，要因其各种表现予以酬赏肯定或赞美，满足下属成员的要求。若下属成员的表现不符合要求或违抗命令，则要对其行为有强制力，使其遭受损失或痛苦。对管理者自身而言，对专业知识与技巧要相当熟练，经验丰富，具有专家的形象与自信；遇到困难、危机时能够表现专业与决断；能保持专业知识的敏感；能了解下属关心及所忧虑的事，并设法解决它。管理者本身内在素养、道德情操无时无刻不在影响着下属，成为下属的表率及模仿的对象。平时生活与工作能关怀下属，以非正式沟通方法减少地位上的隔阂，与下属建立既是师又是友的关系，以德服人，在道德的感召之下影响下属的行为。

管理者在指挥下属时，不妨学会融会贯通管理智慧的用权之术，合理授权，正确指挥，及时应变，大胆放权，以便让权力运用得更加艺术，更有成效。管理者在放权时，要信任下属，并且要时时地表现出这种信任来。如果一个人认真地去做管理者所委托的事，不要过多地去提醒和指示；要让他不受干扰地工作，让他觉得到自己得到了应有的尊重，会更加增强把事情做好的信心。

但是，管理者用权不能事无巨细都得管，应该做到权限与能力相匹配，权力与责任相结合，奖惩要兑现。合理授权，管自己该管的，把权力适当地下放出去。一个具有领导魅力者应善于把好钢用在刀刃上，厚积薄发，举重若轻。管理者权力的运用，要灵活多变，目的是使权力用得更合理。管理者权力越大，责任也就越大。合理用权，灵活使权都是负责任的管理者少犯错误、正确决策、有效解决矛盾、处理问题的艺术。管理者对核心的接近，或因个人与上层有特殊关系，或所管理部门绩效特别显著，使得个人前程一片光明，资源丰富，也很容易影响他人。

如果说传统意义上的管理者主要依靠权力，那么现代观点认为，管理者更多的是靠其内在的影响力。一个成功的管理者已不再是指身居何等高位，而是看你是否拥有一大批追随者和拥护者，并且使组织群体取得良好的成绩。可以说，管理者的影响力已成为衡量成功管理者的重要标志。

正直、公正、信念、恒心、毅力、进取精神等优秀的个人品质，无疑会提升管理者的影响力和个人魅力，从而扩大其追随者的队伍。管理者的个人价值观会吸引具有同类价值取向的人凝聚于组织，增加对组织的认同感和归属感；同时，管理者的人格和价值观还会潜移默化地影响组织成员，成为组织默认的行为标准。具备优秀价值观和人格的管理者，使组织成员对其产生敬佩、认同和服从等心态，无疑会提高你的影响力。

管理警句 ★★★

♛ 管理者功能发挥得如何，从一定意义上讲，就取决于权力运用艺术水平的高低。现代管理者必须成为用权、用人的高手，能否用权力和影响力表现你的魅力是检验管理者能力的考场。

2. 如何做好管理者角色

管理者与下属的关系，不只是管理与被管理的关系这么简单。管理者如果一味地去下令下属去做这做那，那工作一定会很乱。一个成功的管理者不是指身居何等高位，而是指拥有一大批追随者和拥护者，并且组织群体取得了良好绩效。管理者的影响力日渐成为衡量成功管理者的重要标志。

我们不可否认，“撞钟和尚”是由于强迫员工做他不愿做的事造成的。现实中有很多管理者都是以命令的方式来强迫员工做自己不愿意做的事，结果并不理想，同时也极大地妨碍了员工自己的发展。

管理者，是人人羡慕的职位，人们常将努力、财富与之相提并论，赋予它至高无上的荣耀。因此许多人刻意甚至疯狂地追求它。但是我们不禁要问，那些大权在握、掌握“生杀”大权的管理者，究竟有多少人魅力十足，真正令人心悦诚服，愿意矢志相随？或他们只是徒有“权力”，只是大家趋炎附势、攀交拉结的对象而已。用人之道除了随环境而变外，还要考虑使用对象这一要素，也应该随对象的不同而不同。日本的片方善治指出："不了解对象，就不可能发挥管理者作用。"管理者要学会用人的经验，不断改进管理者方式，使自己随时适应新的环境新的用人情况。

在管理者关系中，管理者取信于下级，不是靠着管理者身临其中的居高临下，不该是身先士卒的驾驭指挥，更不是依靠权力来大声地发号施令，而更多的是管理者的人格力量、管理者的素质、管理者的魅力以及对员工实现人性化的管理，这种非权力的影响力是确保管理者事业成功的保证。

做一个好的管理者，光靠发号施令是不够的。在现代文明的、民主化的时代，需要以人为本，因而管理方式也必须进行根本性的改变。

如何运用非权力影响力取信于下级，要注意以下几方面：

（1）实事求是

管理者取信于下属，实质上就是以"实"取信。实则信，虚则疑。以实取信，就是实事求是，一切从实际出发，说实话，办实事，而非弄虚作假，敷衍下属，糊弄下属。总之，只有不失信于下属，才能取信于下属。

①不轻易承诺、许愿

有时下属会出于各种目的和困难，向管理者提出各种要求，管理者要认真分析，并广泛征求班子成员和其他群众的意见，再进行答复。能办到的，就告诉下属可以办；暂时有困难的，就告诉下属为什么办不到，得到他们的谅解。只有言必信、行必果，说到就办到，才能取信于下属。

②秉公办事，不搞小恩小惠和"小动作"

廉生威，公生明。管理者对下属一视同仁，"一碗水端平"，不搞拉拉扯扯、小恩小惠。否则，得到管理者小恩小惠的人可能一时高兴，但却失信于多数下属；何况被拉拢的人也可能不乏正直之士，他们也会对此保持警惕；即使私心较重的人喜欢接受这种小恩小惠，但他们以后还会得寸进尺要求更多，一旦更多私欲得不到满足，他们也会迁怒于人。

所以，搞权术和小恩小惠的人，迟早会“两边不讨好”，失去下属的信任。

（2）充满热情

管理者要取信于下属，就要对下属有一种热情。热情不热情，关键在感情。如果管理者自视清高，缺乏应有的热情，既不会去亲近下属，更不会去信任下属，当然也就难以使下属产生亲近感和信任感。

在现代社会里的上下级关系，不是剥削阶级社会里的君臣、君民、臣民关系，也不是驱使与被驱使、人身依附关系，而是平等、友爱、协作、同志式的新型关系。下属，是管理者学习、依靠、服务的对象。

（3）充分信任

取信于下属的前提是必须信任、依靠下属，如果连下属都信不过，那么也势必难以让下属信任自己。

①语言上表达信任

要在语言上表达出始终是相信下属、依赖下属、尊重下属权力的。无论个别谈话还是在大庭广众之下，无论在顺境中取得成绩的时候，还是在逆境中和遇到困难的情况下，都要表现出充分信任下属，相信下属是会冲出困境、迎来光明的，以坚定下级战胜困难的信心，鼓舞其斗志，增强其勇气。

②使用上给予信任

管理者对下属的使用给予信任主要是两点：

其一，求全责备。由于各人的素质、经历、性格、修养等方面的差异，表现在思想品格、学识、能力上也互有短长。管理者不能孤立片面地看待下属，在使用上应让他们各尽其才。

其二，“疑人不用，用人不疑”。这是古训，但对今天的管理者的工作也不无借鉴。管理者在“疑人不用”的前提下，既用人，则不疑，应给予下属应有的信任，激发下属的工作热情和献身精神。

（4）生活体贴

管理者应该及时了解下属的情绪，把握下属的思想脉搏，既要力所能及地帮助下属解决具体问题，关心下属的疾苦和困难，帮他们排忧解难，又要及时进行思想政治工作。

（5）非原则问题宽容

管理者在处理与下级关系时，对于原则问题，应该一丝不苟，严肃对待，从严要求；而对于一些非原则问题、细枝末节问题，则要抱宽容态度，不予计较，这也是一种对下属的信任。

管理警句 ★★★

要想坐好自己的管理者座位，就不要时时地摆你的“官架子”，那样会使你和下属之间产生一种厚厚的无形的隔阂，不但不能征服人心，反而会使人们离你越来越远。这样，你的权力威严也随着距离的产生而减弱了。

3. 不要只唱“独角戏”

管理者不是“工头”，一朝天子一朝臣的狭隘思维只会使组织的整体智商越来越低。但我们不得不承认，有种普遍的似是而非的观念正在阻碍着管理者运用下属的工作能力。他们总是害怕把下属培养起来后，会取代他们的管理者地位。

事实上，管理者培养自己的下属并不是“水落石出”，而是“水涨船高”。下属的能力越强，管理者的成绩就越大，反而会为你创造更多的价值。

在东汉末年蜂起的群雄中，求才欲望最为强烈的应当数曹操。曹操最懂得人才的重要性。《三国演义》第三十三回写到曹操平定冀州后，亲自前往袁绍的墓地祭奠，曹操向众将讲述了他本人与袁绍共同起兵讨伐董卓的一段谈话。

袁绍说：如果讨伐董卓不能成功，“吾南据河，北阻燕代，南向以争天下，庶可济乎？”曹操答：“吾任天下之智力，以道御之，无所不可。”这里的“智”是指谋臣，“力”是指武将。可见崭露头角的曹操，就把人才作为自己建功立业的根本。正因为对人才的重要性有着最为深刻的理解，因而曹操的求才欲望也是最强烈的。

官渡之战之初，形势对曹操十分不利。袁曹两军对峙，处于胶着状态。曹操不仅兵力少于袁绍，而且粮草也接济不上。曹操甚至萌生了退军的念头。许攸年少时曾与曹操有交情，此时却在袁绍那里做谋士。但许攸在袁绍那里不仅得不到重用，反而遭人诬陷，被袁绍训斥，万般无奈，只好去投奔曹操。许攸溜出袁绍的营寨径直奔曹营，被曹操的军卒拿住。许攸说：“我是曹丞相故友，快与我通报，说南阳许攸来见。”时操方解衣歇息，闻说许攸私奔到寨，大喜，不及穿履，跣足出迎。遥见许攸，抚掌欢笑，携手共入，操先拜于地。许攸慌忙扶起曹操说：“公乃汉相，吾乃布衣，何谦恭如此？”曹操说：“公乃操故友，岂敢以名爵相上下乎？”许攸说：“某不能择主，屈身袁绍，言不听，计不从，今特弃之来见故人，愿赐收录。”曹操说：“子远（许攸字）肯来，吾事济矣！愿即教我以破绍（袁绍）之计。”

一个人才前来投奔，身为丞相的曹操，竟然大喜到了来不及穿鞋，光着脚出迎的地步，而且还“抚掌大笑”，“先拜于地”，这段精彩的描述，刻画出了曹操的求才若渴的程度。

除上述对待投奔的许攸表现出的得意忘形外，《三国演义》

对曹操的求贤若渴还有许多具体的描述。曹操联络袁绍等人起兵讨伐董卓之时，便招募了乐进、李典、夏侯惇、夏侯渊以及曹仁、曹洪等一班武将。

讨伐董卓失败后回到山东，更是大力招贤纳士。先是荀彧、荀攸叔侄应招而来，二荀又推荐了程昱，程昱推荐郭嘉，郭嘉推荐刘晔，刘晔推荐满宠和吕虔，满、吕二人又推荐毛蚧。曹操的态度是不厌其多，来者不拒，并马上委以重任。于禁、典韦两员大将也被他网罗而来。自此曹操文有谋臣，武有猛将，威震山东。

可是曹操并不满足，他的胃口大得很，对于他用得着的人才，见一个爱一个，想方设法弄到手，称他为“人才迷”，一点也不过分。许褚、张辽、徐晃、张郃、庞德等勇将，都是被他运用各种手段网罗到自己队伍里来的。

对于刘备新得的谋士徐庶，曹操用拘其母、假造书信的方式弄到自己手里。长坂坡陷入曹军重围的赵云，曹操因见其武艺超群，竟下令军兵不得放箭，只要捉活的，致使赵云杀出重围而去。

曹操对由于误中敌方离间之计，或因激怒而错杀有用的人才，往往是懊悔不已。得力人才战死或病亡，曹操的悲痛程度比对自己亲人的亡故有过之而无不及，武将如典韦、文臣如郭嘉都是如此。为了不损害自己求贤若渴的形象，使更多的有用之人投奔自己，狂士祢衡裸衣击鼓辱骂曹操，曹操也不肯杀他，让他去刘表那里，借刀杀人，以免自己落下“害贤”之名。

刘备一向有不居人下之志，曹操心里非常明白，手下多有劝曹操杀之以绝后患的，曹操怕落得个“害贤”之名而不肯下手。曹操为了使关羽投降，答应其提出的苛刻条件，为了留住关羽他费尽了心机。这些都表现了曹操异常强烈的求才欲望。

如果说三国时代的军事竞争，归根到底是人才的竞争的话，那么现代社会的竞争，无论是技术竞争、市场竞争、信息竞争、资源竞争，说到底就是人才的竞争。要想在激烈的竞争中求生存、图发展，广泛地拥有各方面的人才是至关重要的。

人才问题不仅关系到一家企业、一个部门的生存发展，也关系到一个国家的盛衰存亡。斯大林曾经说过：“人才，干部是世界上所有宝贵的资本中最有决定意义的资本。”一个时期以来，我国经济领域流行这样一个口号：“时间就是金钱，效率就是生命，信息就是资源，人才就是资本。”

20世纪30年代初，美国深感知识、人才的重要，除在本国加速人才培养外，还大量地从国外引进科技人才。这些人才对美国的科技和经济的发展起了决定性的作用，最终使美国成为世界头号经济强国。第二次世界大战后，日本能够在一片废墟上使经济迅速腾飞，其中一个重要的原因就是自明治维新开始就重视人才的培养。实践证明，凡是在竞争中立于不败之地的企业，肯定都拥有一批出色的技术和管理人才。因此，现代管理者必须有强烈的求才欲望。

管理者只有集思广益，多纳良言，听取各个层面的不同意见，才能在制定组织发展战略的过程中不至于产生太大的偏差。

企业用人，经常会考虑太多，既担心如果给人才发展的机会，等他羽翼丰满后，又跳槽，它就白白为别人培养了人才。又担心不给他们发展的机会，企业又得不到充分的发展。作为管理者，要像曹操那样，明白其中的道理。要想使企业得到迅猛发展，必须使人才得到各尽所能的发挥，这样你的企业才能发展壮大。

管理警句 ★★★

♛ 一堆沙子是松散的，可是它和水泥、石子、水混合后，比花岗岩还坚韧。

4. 有时装傻也是明智之举

作为管理者，处理问题要讲究态度，有的问题在处理过程中可以热诚一些，有的问题可以冷漠一些，态度有时也是处理问题的一种尺度。

本来就不爱管闲事的管理者，却偏偏遇上一个爱诉苦的下属，叫管理者感到烦不胜烦。

管理者们周旋于公司各部门之间，周旋于商场各公司之间，还要与来自各个方面的形形色色的人打交道，如果不具备一套行之有效的应付各种各样的人的办法，是很难做到面面俱到、在各方面都得到大家的认可的。

老实说，管理者心里一万个不想过问，连听也不愿意听，却害怕产生不必要的误会，或者有后遗症，所以常常左右为难，却苦于无法摆脱对方。

遇上这种“烦人”，既妨碍工作，又没有好处。所以管理者必须想办法杜绝。

这就要求管理者们能够像“千面观音”一样，具备不同的面孔来应付不同的人。所谓“见人说人话，见鬼说鬼话”，如果抛开其中的讽刺、揶揄的意思不谈，也自有其道理。试问，您若是对鬼也只说人话，它能听得懂吗？管理者对于公司内部的成员，可以摆出多种面孔，每种面孔要适应不同的场合。就如同京剧中角色的脸谱一样，每种类型的脸谱代表一定人的性格。当管理者，不能让人一眼望去就知道是什么性格，不然岂不是很容易上当受骗？管理者可视情况的需要，先选一张合适的脸谱戴在脸上，再向企业员工讲话。

管理者最大的任务，甚至夸张地说，唯一的任务，就是找到其他人才当经理副手，一层一层延续下去。管理者按俗话说，躺着干就可以了。

刘禅一生真是幸福，父亲刘备善于识人，给他选了一批以诸葛亮为代表的优秀人才辅佐他。

刘备在给刘禅的遗嘱中说："汝父德薄，不可效也。"大概是指伐吴一事告诫刘禅。刘禅17岁继位后，遵照刘备的遗训，尊奉诸葛亮如父亲，大小政事悉数委托诸葛亮。诸葛亮拥有刘备在世时所没有的大权，对内掌权，对外用兵，刘禅从来不曾掣肘，不曾怀疑。

刘禅深知："大树底下好乘凉。"自己既然没有治国安邦的本事，那就别去干扰"相父"了，只做一些礼节性的事务吧。

别小看这个动作。换了别的君主，大可因嫉妒而萌生杀意，大可因听信谗言而排挤诸葛亮，大可因嫌诸葛亮啰唆而将他撤职，大可为了让自己掌有大权、为了让宠信的宦官呼风唤雨。但刘禅没有。不像曹操忌杀谋士，不像孙权会羞辱老臣，刘禅无能，唯一能做的，就是把事情交给诸葛亮。而这样也就够了。

刘禅信任诸葛亮，也信任"相父"举荐的贤臣，如蒋琬、董允、刘攸之等人。在北伐期间，这些人为诸葛亮巩固后方，使他无后顾之忧；诸葛亮死后一直到公元251年，国家平稳无事，都是这些人的功劳。诸葛亮死后17年，国家大政方针都不曾改变，也就是说刘禅并不因为诸葛亮过世而别出心裁，肆意胡为。等到诸葛亮荐举的继任者相继过世，宦官黄皓才开始专权，此时已是公元258年，离亡国只有5年时间了。

刘禅投降后，还有个"乐不思蜀"的典故。也正因为他如此没心没肺，麻木不仁，随遇而安，只要在物质上满足，便什么都无所谓了，才使得司马炎对他十分放心，封他为安乐县公，食邑万户，奴婢百人，此后又过了7年的快活日子才去世。

刘备奔波一生，为什么？司马懿装疯卖傻为什么？还是为活着，为君临天下！刘禅傻人有傻福，别人千方百计努力争取的，他不费吹灰之力就得到了。难道对我们没有什么启发吗?

后世的人十有八九对刘禅的所作所为嗤之以鼻，自然许多老板也不愿沦落到那种地步。

人有聪明和糊涂之分。聪明人明察秋毫，反应敏锐，把大大小小的事都记在心里，总要找到解决办法才肯罢手，往往心力交瘁，筋疲力尽；糊涂人把什么事都能看开、看淡，反应迟钝，反而活得潇洒自如，轻松自得。

实际上，生活中的许多事不必看得十分真切，更不必都装在心里。装傻是解脱烦恼的最好办法，这样，你才可以集中精力去想自己应该做的事，而不是将精力耗费在如何应对别人上。有些人活得累，事业无成，就是把太多的心思用在别人身上，轮到自己做事时，反而没有精力了。

苏轼说："大勇若怯，大智若愚。"真正精明的老板往往让自己表现得十分糊涂，他们深知这才是智慧人生。

管理警句 ★★★

摆在前面的请求，如果是强人所难，一般人的办法是拒绝了事。然而，针对不同的对象，拒绝方式不能只有一种，有时需要直截了当，有时需要装装傻。

5. 做好"领头雁"

管理者要始终遵循"事业为本，人才为重"的原则，真正做到知人善任。许多人一直认为管理者的工作就是计划、组织、命令、协调、控制。这种管理者方式使管理者的角色就像是“头牛”。在一群野牛中，每一头牛都对“领头牛”绝对忠诚、顺从。“头牛”想要它们做什么，它们就做什么。

但是，一个高明的管理者会明确下属必须承担的各项责任之后，授予其权力，从而使每个下属都能各司其职，各尽其责。使自己的管理变为引导。

管理者的目的是引导团队中的人努力工作去达到组织的目标。管理者取得成功的状态是引导组织中所有的人都鼓足干劲，让被管理者不觉得自己是被人管理，每个人都向自己所喜欢的方向发展，这才是高明的管理者。

但现实生活中，在牛群似的公司里，有许多人在等待。更糟糕的是，他们只做管理者所告诉他们做的事，决不会去多做。这就意味着这样的管理者在“牛群”中得不到任何创造。

管理者的管理水平是公司发展成败的关键。长期以来，管理者以命令的形式来强迫员工做这做那，结果并不理想，反而极大地妨碍了员工的热情。管理者通过运用激励原则将管理变为引导，在下属员工中能够取得意想不到的效果，如改变工作内容、改变作业气氛、适当授权委任下属员工经办两三件工作、将工作区分成好几段等。

管理与引导是不同的。管理无疑含有命令的成分多一些，而引导则相反，含有的命令成分少一些。把管理变为引导是管理者灵活运用激励原则的高超表现，会得到意想不到的效果。

某工厂绩效很差，虽然是按件计酬，但是产量就是无法提高。管理者们采取了各种强制手段，就是没有效果，员工们还是我行我素。迫于无奈，厂里请来了一位专家来处理这个问题。专家将员工分成两组：告诉第一组，如果达不到要求，他们将被开除；告诉第二组员工，他们的工作有问题，他要求每个人帮忙找出问题出在哪里。结果第一组产量不断下降，压力增加时，有的员工辞职不干了；第二组员工的士气却很高，他们按照自己的方式去做，负起提高产量的全部责任，由于大家齐心协力，常常有一些独到的见解，只用了一个月的时间，产量就提高了30%。这种效果完全是引导来的。强迫没能提高员工的工作效率，相反，引导却有效地激励了员工，提高了产量。

作为管理者真正想要的是一群负责的相互依靠的员工，就像一群大雁一样。

我们知道，雁群以“V”字队形飞行，领头的位置经常变换。无论雁群飞往何处，每只大雁都为跟上队伍而尽心尽力，在需要时，大雁就会更换角色，或是头雁，或是随从，或是“侦察员”。当任务改变时，雁群就会尽职地调整队形，以适应新的情况。

人与人之间的关系是相对的，彼此之间的感情交流非常微妙。你心里在想什么，对方很容易就会了解。因此，要使下属付出，管理者必先拿出自己的诚意。

生理学家赫尔斯特把淡水鱼从鱼群中取出后以手术取出前脑。没有前脑的鱼在水中边看边吃边游水，看起来并没什么不对，只有一点不一样，就是当它离开鱼群之后，其他的鱼没有跟它来，它也不在意，左顾右盼、优哉游哉地游来游去，这时其他的鱼群反而跟着过来。

我们看出，即使在鱼的世界里，大家也要看看带领群众的先锋的选择是否正确，如果管理者不理会他人的看法而只管自己往前走，那么，其他的鱼还会跟随它吗？

爱因斯坦就说过：“手段完美而方向模糊，似乎是这个时代的特色。”制定目标需要远见卓识，具有战略眼光。一个管理者怎样才能做到具有远见卓识？

要想对未来有所规划，首先，必须了解现状。有远见卓识的管理者，要能够正确地了解组织目前所处的客观环境。其次，应该对自己所管理的组织的发展有着明确的方向感，能合理地勾勒出未来的蓝图。最后，你的工作不在于怎样设计、详细陈述这个远景规划，而应该侧重于把握组织实现这个蓝图的发展方向上，使这种方向感深深植根于每个下属的信念之中，激发下属们为事业而献身的精神，使他们把管理者的远景规划当成自己的一个远大目标。

当企业面临困境时，一味地鞭策下属拼命努力是行不通的，因为这种做法并未深入人心，所得到的也只是表面的敷衍罢了。面临这样的状况时，最重要的就是管理者的意识改变。从管理者改变决心做起，下属才能随之而改变。

管理警句

管理者要使下属有明确的方向感，成为组织的"领头雁"，而不是披荆斩棘、开辟道路的"头牛"。

6. 莫要随心所欲表现自己

当一个人承诺做某事时，即使有困难，他们也会信守承诺。尤其对管理者来说，经常需要表态，这种表态对于下属来说，则可能是指示、要求，也可能被认为是对某件事的定论。说话算数的意思就是言行一致。假如一个管理者说："别担心，这次合并并不会导致员工工作机遇减少。"如果随之而来的却是不容分说的裁员，那么，这位管理者将不会再得到信任。

因此，管理者的表态绝不可随心所欲。表态要有根有据，既不做老好人，又不无谓得罪人。管理者的角色地位决定了管理者必须持重练达，不论讲什么话表什么态，不能超越一定的原则限度，也不能无原则地去肯定或否定。

现实中有的管理者遇到矛盾冲突和棘手之事，能推则推，需要表态时，也是“慢开口”，在合适的情况下，该表态时不表态；在不合适的情况下，不该表态时却乱表态。

有时为了一己私利取悦于人，放弃责任。甚至贬低别人而抬高自己，传播小道消息、泄露机密等。凡此种种做法都是不对的。

管理者表态，在坚持原则的基础上，发挥灵活性，更易达到事半功倍的效果。

上级有明文规定的事情，管理者就必须按规定表态，没有明文规定的，则应结合实际表态，灵活性是原则性运用过程中的必要补充。

一般来说管理者在表态之前应做到：必须清楚了解问题的真正含义和问话的真正意图，应有足够的思考时间，考虑好是直接表态，还是委婉表态，对不值得表态的问题，不必表态。表态时，应做到因事、因人而异。

对关系复杂、不宜把握的问题，管理者应委婉表态。管理者应把握时机，注意场合，适时适地表态。

古人云：“事之难易，不在大小，务在知时。”就是讲火候分寸问题。掌握“尺度”，讲究“分寸”，做到语言准确，态度诚恳。

尺度感和分寸感，能够体现管理者的领导艺术水平。表态应讲究尺度、分寸，达到“适度”。在这里适度程度越佳，表态的效果就越好，达到最佳适度就能获得最好效果，管理者与被管理者之间的关系，既有双方情感的交流、情绪的感染，又有双方心理关系上一定色彩的凝结，只有态度诚恳，管理者的表态才会对下属产生指导、激励作用。

管理警句 ★★★

管理者表态，在坚持原则的基础上，发挥灵活性，更易达到事半功倍的效果。上级有明文规定的事情，管理者就必须按规定表态，没有明文规定的，则应结合实际表态，灵活性是原则性运用过程中的必要补充。

7. 喜怒哀乐藏于心中

无论任何人，只要在社会上闯荡一段时间，便多多少少练就了察言观色的本事，会根据你的喜怒哀乐来调整和你相处的方式，进而顺着你的喜怒哀乐来为自己谋取利益。

高明的管理者一般都不随便表现出自己的喜怒哀乐，以免被人抓住弱点，给人可乘之机。

古代的中国民间生活，悠闲自在；但居上位者，却是激烈地竞争着，尤其是权力的争夺更是不择手段，钩心斗角，互相排斥。在这种争权夺利的环境中，人人尽量掩饰自己的本性，来迎合权势，如果任意表现出来，就容易被对方乘虚而入，甚至抓住把柄，说不定因而失势，导致杀身之祸，在这种情况下，自然会养成“喜怒不形于色”的性情。

管理者必须冷静沉着，才能作出准确的判断，《孙子兵法》中曾言：“主不可怒以兴师，将不可愠以致战。”

事实上，喜怒哀乐是人的基本情绪，世界上根本没有心如止水的人，没有喜怒哀乐！只有是“植物人”才会是这样。

管理者一旦露出了真情，就容易为人所看穿，以至于受到摆布，而导致作出错误的决策。“喜怒不形于色”，亦即尽量压抑个人的感情，而以冷静客观的态度来应对，这种性格才配作为一位管理者。

当集体遭遇困难时，如果管理者露出不安的表情或慌乱的态度，便会影响到集体，一旦根基动摇，就会带来崩溃。这种情形下，如果能保持冷静、若无其事的态度，最能安抚民心。

与对方交涉谈判时，应具有冷静、成竹在胸的宽广胸怀。如果把持不住露出感情，如同自掀底牌一般，容易被对方控制，而居于下风。

中国的管理者大多深受儒家思想熏陶，因而养成稳重熟虑的心思，“喜怒不形于色”也是他们必有的修养。

1600年前，东晋偏安江左，建都建康（今南京），当时北方少数民族势力强大，不断地以武力压迫东晋，司马王朝深受其苦。

谢安时任宰相。有一次，前秦大举南侵，以号称百万的大军渡江南来，而东晋迎敌者只有数万人，尽管以寡敌众的例子，古来即多，但如此悬殊的兵力，却使百姓失去信心，人人准备再度逃难。

唯有宰相谢安虽处于非常局势中，却仍冷静沉着。当他一切准备妥当后，便悠闲自在地饮酒下棋，好似不知前方有战事一般。

在谢安的运筹帷幄下，加上天时、地利、人和，东晋打赢了这场战争，获胜的消息很快地传回京城的宰相府邸，这时谢安正与人对弈，看完捷报后，谢安仍若无其事地下棋。

“有何要事吗?”客人好奇地问着。谢安答道：“没什么，只是前方的战士击败了敌人而已。”

在客人面前，即使是大获全胜，谢安也不改其沉着的态度。送走客人后，谢安高兴得手舞足蹈，返回屋内时，一脚踢到门槛，撞断了木屐齿，但谢安竟毫无所觉。

其实，没有喜怒哀乐的人并不存在，他们只是不把喜怒哀乐表现在脸上罢了。对于管理者来说，在人际交往中，做到这一点是很重要的。所以，管理者要把自己的喜怒哀乐藏在心中，别轻易拿出来给别人看。

楚汉相争的时候，有一次刘邦和项羽在两军阵前对话，刘邦历数项羽的罪过。项羽大怒，命令暗中潜伏的弓弩手几千人一齐向刘邦放箭。一支箭正好射中刘邦的胸口，刘邦伤势严重，痛得伏下身来。主将受伤，群龙无首。若楚军乘人心浮动发起进攻，汉军必然全军溃败。猛然间，刘邦突然镇静起来，他巧施妙计。在马上用手捂住自己的脚，喊道："碰巧被你们射中了！幸好伤在脚趾，没有重伤。"军士听了，军心顿时稳定下来，终于抵抗住了楚军的进攻。

把喜怒哀乐藏在自己心中，尽量压抑自己的个人情感，以冷静客观的态度来应对，这种性格的人才能做好管理者的工作。

管理警句★★★

管理者一旦露出了真情，就容易为人看穿，以至于受到摆布，而导致作出错误的决策。"喜怒不形于色"，就是尽量压抑个人的感情，以冷静客观的态度来应对事情，这种性格才配做一名管理者。

8. 言行举止要保持身份

看看那些成功的人们，无一不在乎自己的形象。一个成功的管理者不仅是自己能给下属带来信念和对未来的承诺，更重要的是他们懂得形象的魅力并能够运用这种魅力，把这些承诺的价值具体地表现出来，把属于组织的智慧和思想生动地表达出来，让追随者把他的形象与自己追求的未来结合为一体。这也是他们能够吸引着千千万万的追随者的重要原因。

管理者跟员工在一起时，要适当表现自己的“身份”。在办公室里与员工相处，应该让人一眼就能瞧出，谁是员工，谁是管理者。如果你不能表现出这一点，给人的印象就可能正好相反，那么，这个管理者就是失败的。

如果说好的开始是成功的一半，那么好的形象是影响的一半。形象好才能获得别人的认可和追随。一个人的形象是事业成功的一个重要的砝码。成功的外表形象对自己的事业的成功起着推波助澜的作用。一个优秀的管理者能够用形象操纵追随者的心理，为自己创立神话般的事业奠定稳固的基础。

出色的形象可以带来出众的魅力。所以一个有魅力的管理者本身就具有吸引人的良好形象。一个有魅力的管理者形象代表的不仅仅是个人，而是整个组织的形象，人们往往从管理者形象上去推测组织的现状。衣着干净利索、整体俱佳的管理者一般会被认为是一个高效率组织的管理者，而一个放荡不羁、形象不雅的管理者很难让人与高效的组织联系起来。

作为管理者，虽然不必过于矜持，但要让员工起码意识到，你是管理者。这样，即便是活泼、轻佻的员工也不至于去拍你的肩膀，或拿你的缺点随意开玩笑。他在你面前会小心谨慎，会看你的脸色行事，当你们一起离开办公室时，他会恭恭敬敬地把门打开，让你先行。

管理者要保持自己的威严，在无形中造成员工对自己的尊敬，这会为你的工作开展创造条件，员工会处处——至少在表面上尊重你的意见，当他们执行任务有困难时会与你商量，而不会自作主张，自行其是。

管理者要注意自己的讲话方式。在办公室里跟员工讲话，要亲切自然，不能让员工过于紧张，以便更好地让对方领会自己的意图。但是在公开场合讲话，譬如面对许多员工演讲，作报告，要威严有力，有震慑力。

但不管在哪种情况下，管理者讲话都要一是一，二是二，坚决果断，切忌含糊不清。

跟员工交谈，即便员工一方处于主动，管理者听取对方谈话也切忌唯唯诺诺，被对方左右。如果对方意见与自己意见相左，可以明确给予否定，如果意识到员工意见确是对公司对自己有利的，也不要急于表态。

多思考少说话，也可以以“让我仔细考虑一下”或“容我们研究、商量一下”来结束谈话。这样，在回去之后，员工不会沾沾自喜，而会更加谨慎，管理者也可以利用时间仔细考虑是取是舍，这在无形中增加了管理者的权威，总比草率决定为好。

现代管理者是美的生活的组织者、引导者和创造者。管理者首先应该是美的化身。管理者的形象具有双重性，一方面是他本人的形象，一方面是他所管理的组织形象。良好的管理者形象是事业成功的保证。

管理警句 ★★★

♛ 形象可以产生魅力，运用魅力是成功者的智慧之一。

9. 敢于集权，敢于分权

有些管理者也许喜欢在工作上大包大揽，他希望自己每件事情都经过自己的努力，都能圆满地完成，得到同事和下属的认可。这种事事求全的愿望虽然是好的，但却常常收不到好的效果。

作为一名管理者，你承担重任，很多时候你没有足够的时间去完成所有必须做的工作。事必躬亲只能事倍功半。

集权与分权看起来是矛盾的，但在企业管理中，两者却可以有机地统一在一起。既要集权，也要分权。关键是怎样集权，怎样分权。

一大清早，××公司的王总办公室里就挤满了人，他们手里都拿着等待签字的各类文件和单据。自从王总两年前上任到现在，很多个早晨都是在大量的签字中度过的。

两年前的××公司可以说是“内忧外患”，内部管理混乱，效率极低，有能力的员工纷纷离开另谋高就；外部市场欣欣向荣可公司却大幅度亏损，整个公司处于破产的边缘。王总到公司之后可以说是卧薪尝胆，倾尽全力：从外部跑市场联系供应商，到内部制度建设，甚至到卫生内务都要亲自过问，公司的每一个细节都在他的掌控之下。眼下公司逐渐走上正轨，市场也打开了，更可喜的是员工开始踏踏实实做事了，王总总算是可以松一口气了。但对公司的管理他丝毫也不敢放松，大事小情都得过问，公司好不容易到现在的样子可不能放松呀！

但是，随着公司业务的开展，王总越来越觉得力不从心了，日常事务占据了太多时间，企业未来的发展、公司的组织架构和人员等重要的问题已经无暇考虑了。比如一张有关公司报废产品的处理意见书，按照公司的相关制度，任何产品或物资报废必须经过总经理批准，而在此之前，已经有质量总监、生产总监和营销总监都已签署了意见。王总看着这份意见书，不禁觉得心里很沉：究竟是什么使公司的高层对自己的签字可以不负任何责任呢？下面的情况也让王总担心，主管营销的副总没有把心思放在开拓市场上，整天在考虑办公室装修的图纸；要不要招一个保洁员都得要人力资源总监审核，公司急需的人员却招不来，大家似乎都不知道自己应该干什么了……

××公司的例子具有很强的代表性，许多公司都存在授权不合理和高层职责不清的现象，带来了诸如总经理陷于日常琐事、审批流程冗长复杂、各级管理层责任意识淡薄等问题，最终导致公司整体效率低下。

一个人不可能把什么事情都做好，毕竟你的精力是有限的。部门内大大小小各个方面总有照顾不周到的地方。更何况，如果天天如此，身体上是经受不住的，迟早会被累垮的。

俗话说得好，巴掌再大遮不住天。整个部门并不是你一个人的，你的下面还有许多不同等级的人，自己把所有的事情都做了，那么，其他人又做什么呢？

管理者对权力进行管理的基本特点是与管理者对权力进行管理的内在规定相一致，并在管理过程中体现出来。管理者的权力职能是多方面的，如运筹决策、组织指挥、协调控制等。在管理者行使职权的过程中，管理者与被管理者都应是确定的。

管理警句 ★★★

♛ 任何组织都是一个大系统，从而也就决定了管理者对权力的管理在组织上的系统性，以保证从整体到局部都不偏离组织的系统目标。

10. 胆小不得将军做

恐惧具有摧毁一个人生命的负面影响。它能够伤害人的修养、削减人的生理与精神上的活力，破坏人的健康，从而心力柔弱直至不能创造或作出任何事业。

“胆小不得将军做。”连胆子都没有的人，就别合计做官那种事，看着别人管理你的时候舒坦，当上官却又没勇气迈步，如果进入这种状态，要么离开这个职位，要么就尽可能地培养自己的勇气和魄力，除此之外，似乎还没有别的办法。

在以色列人中间相传有这样一句格言：“给我坚韧，去接受不能改变的事情，并给我智慧去区分它们的不同。”这正如佛说，战胜一千个敌人一千次，也不能战胜自己一次，而战胜自己的最大动力便是勇气。所以，在每个人都可以取得成功之时，你为什么不拿出自己的勇气？大胆地喊出：“我什么都不怕！”

恐惧足以泯灭一个人的创造和冒险精神。许多人对一切事物都怀有恐惧之心，他们怕风、怕雨、怕冷，做生意怕赔钱。在他们生命里永远有一个“怕”字。而最坏的一种恐惧，几乎是时时刻刻都预感到有一种恐惧，这种恐惧就像一层阴影笼罩着一个人的鲜活生命，慢慢地蚕食掉生命里原始的活力。

魄力对于管理者们来说是至关重要的，如果你不具备这种魄力，还是做一个普通劳动者好了。什么事儿都畏畏缩缩，实在是一种痛苦，特别是在新潮产品冲击的时候，在激烈的市场竞争中，勇敢的管理者就成了核心力量，其余都得跟着人家走。这时候产品就开始进入了重新分配的状态，刹那间一切都变化了，原因就是勇敢能够战胜一切，在关键的时候，你就是再满腹经纶也得操作，这往往是“傻子睡凉炕”的事儿，说也说不清楚。

董仲舒所谓“正其谊，不谋其利，明其道，不计其功”，讲的就是这个道理。胆子小的人不是硬汉，做管理者得有勇有谋，如果你甘心平庸，那么就越会坚持平庸的理念，因为你不知道什么是更好的，这样，你的下属就会感到非常压抑，如果他是个聪明人，会更感到压抑，当然，他不可能长时间地跟你磨蹭，赶上机会立马就走人。“鸟择林而栖，人择优而仕。”挡也挡不住。

世界上一切或大或小的考验都是由于人们的内心开始的，勇气对一个人的考验也是这样。我们每个人都要认清这一点，具备了勇气并不等于没有了恐惧，而是努力地去做你原本就很惧怕的事情，并且不断地克服伴随整个过程的恐惧。勇敢的精神就是大胆地放下你所熟悉的事情，追求一个前所未有的崭新的目标。

有人说过：“勇气是最有感染力的。如果一个有勇气的人能够站稳立场，那么，其他人的腰板都会随着挺直起来。”可见一个人能够拿出勇气来，那么周围的人都会受到莫大的鼓舞。一个管理者在工作中所表现出来的勇气，同样也会激发下属的工作热情，更加拼命地去完成任务。

管理警句★★★

♛“胆小不得将军做”。勇气对管理者来说是十分重要的，如果一个管理者做什么事都缺乏勇气，那他就不是一个称职的管理者。

趣味测试：

角色定位测试

请将各题得分相加，用总分对照测试结果即可。

1. 一位画家在写生，凭直觉你认为他在画什么？

A. 自然风景——5　　B. 热闹的街景——8

C. 动物——3　　D. 人物——1

2. 去超市购物，你的习惯是怎样的呢？

A. 直奔目标而去——5　　B. 慢慢逛，不一定买——3

C. 看看有没有打折促销的商品——8

D. 没有明确目的，什么都想买——1

3. 你比较愿意担任哪个职务呢？

A. 班长——8　　B. 课代表——5

C. 文娱委员——3　　D. 小组长——1

4. 早上梳洗的时候，你在哪个环节上最仔细呢？

A. 刷牙——1　　B. 梳头——3

C. 洗脸——5　　D. 照镜子——8

5. 要参加春季校园舞会了，让你在以下服装里选一套来穿的话，你会选哪套呢？

A. 韩版风格的服装——1　　B. 可爱的小洋装——5

C. 紧身 T 恤和牛仔裤——3　　D. 淑女味道的小黑裙——8

6. 你今年春节收到的压岁钱有多少？

A. 100 元——1　　B. 100 元以上，300 元以下——3

C. 500 元左右——5　　D. 1000 元以上——8

7. 下面有四种颜色，你认为哪一种最能代表你的性格？

A. 黄色——3　　B. 红色——8

C. 蓝色——5　　D. 绿色——1

8. 在你遇到大麻烦的时候会怎么办呢？

A. 立刻找朋友商量——3

B. 自己解决不了才找朋友帮忙——5

C. 请家人帮忙——8　　D. 尽量自己解决——1

9. 你在朋友面前的表现最接近以下哪种？

A. 你说话的时候居多——8

B. 朋友说，你听的时候居多——3

C. 和朋友互动较多，大家和睦相处——5

D. 你总是跟在朋友后面——1

10. 你的房间是什么状态呢？

A. 干净整洁，所有东西都有固定的位置——8

B. 凌乱不堪，有用没用的东西全堆在一起——3

C. 比较干净，但却经常找不到东西——5

D. 看似凌乱，实际上只是东西过多，空间小而已——1

11. 你经常去的地方是哪里？

A. 小商品城或购物广场——1　　B. 特色店或专卖店——5

C. 书店或音像店——8　　D. 便利店和超市——3

测试结果：

35 分以下→平凡型

※幕后角色※

本性善良性格内敛的你，这辈子注定只能做个平平凡凡的人，这并不表示你就比别人笨，一个人在人生舞台上扮演怎样的角色，通常与自身的性格有关，如果将你放在一个整天抛头露面的位置上，你一定很不自在，你做起事来严格遵守一步一个脚印的原则，不会投机取巧或走捷径，比起那些活跃在舞台上的人来说，你更愿意充当幕后舞台。

36～50分→潜力型

※储备角色※

你是属于潜力型的储备角色，你的脑子够活跃，通常情况下，只需高人指点一两下，即可占领一个比较高的位置，你对各种新知的吸收能力非常强，只要多用点心就能将事情做得很漂亮，或许现在的你掌握的信息和技能还不完善，只要你肯学，终究能在人生的大舞台上占有一席之地哦！建议你对自己感兴趣的东西专攻一两样，将来必定有所成就。

51～70分→艺术型

※风头角色※

想法另类的你具有与众不同的观察力，喜欢观察生活的细节，好交流，与不同的人打起交道来得心应手，可以说你在未来的人生舞台上将扮演艺术型的风头角色，你那用不完的活力是最有效的行动力，此外，你还对文学、音乐、艺术等充满浓厚的兴趣，目前的你只需将梦想贯彻到底，多多激发创意，将来成为热门大人物不是没有可能哟！

71分以上→杰出型

※精英角色※

杰出型精英角色就是你了！你的自身条件以及各方面的综合素质都超级出色，只要你真心想做成一件事，绝对舍得花时间和精力去达成，你身上有一种感召力，不管是谁与你合作都能受到你的感染，相互鼓励，共同进步，说不定未来的你会是某一方面的精英专才哟！目前你只需坚定自己的决心，有目的地钻研自己兴趣所在，保证前程似锦！

·第三章·

管理者要端正自己的工作态度

ZHUOYUE GUANLIZHE SUZHI XIULIAN

对待事情的态度比事情本身更加重要。

——撒迪厄斯·戈拉斯（作家）

1. 过而能改，善莫大焉

人无完人，每个人都会犯下大大小小的错误。我们对待自己错误的态度决定了我们在别人眼中的形象。一位管理者有闻过则喜、有则改之，无则加勉的胸怀，不仅不会失去威信，相反还会使自己的形象更加高大。

春秋战国时期，秦穆公是秦国的一代有为之君。他曾经为了向东扩张势力，派三员大将带兵偷袭郑国。由于郑国离秦国较远，当时秦国的谋士蹇叔劝秦穆公说："长途奔涉，士兵们肯定在未到郑国时就已疲惫不堪，况且浩浩荡荡的大军去偷袭，郑国又怎能没有准备呢？"

秦穆公不听蹇叔的意见，要坚决进攻郑国。蹇叔于是号啕大哭，因为他已料到秦国必败，而他的儿子正是三员出征大将之中的两个。

果然，郑国商人弦高在途中遇到秦军，当他得知秦军要攻打郑国时，一面找人急速报于郑国，一面犒劳秦军，并对他们说："你们三路大军奔波这么远，浩浩荡荡，影响那么大，郑国早有准备了，你们恐怕不可能偷袭成功。"

秦军三员大将一听就犹豫起来，弦高说得没错，以疲惫之师去攻打以逸待劳的郑国，肯定会损失惨重，于是，开始撤退。但是在归途中，却遭到晋军的偷袭，结果秦军全军覆没，三员大将也被俘虏。

当秦国三员大将历经千难万险，逃命回到秦国时，秦穆公披着缟素（孝衣），到郊外30里迎接他们，哭着说："委屈你们了，这一切都是我的过错啊！我不该不听蹇叔的话，而坚决让你们进攻。你们哪有罪啊？”

管理者也是人，肯定也会犯错的。而且有时是明显的、公开的，绝没有再掩盖起来的可能。一般说，错误无论发生在谁身上，都是一件尴尬的事情。可是如果你想充耳不闻或垂头丧气，肯定会是欲盖弥彰，影响到你的威信和你的形象。请不要灰心，勇敢地承认错误，或者公开道个歉。

管理警句 ★★★

能采纳别人的意见和建议，就是广开言路。言路宽广，不仅有人指出过失，管理者还能知道自己在哪些地方存在错误，进而弥补过失，改正错误，众人都会乐于直言，知无不言，言无不尽。这样，众人的心态，众人的意见，众人的思想，都一点一滴地呈现在管理者的面前，管理者就可以综合分析，择优而用，得到一个合理的、周全的、精妙的解决问题的方法。

2. 用积极乐观的态度感染员工

管理者所占有的优势并不在于天资聪明、智商特高，或才能出众，他的过人之处在于他的态度。作为一名管理者，更需要时常保持乐观健康的心情，因为管理者的心情会影响到下属的心情，管理者的态度会影响到大家的态度。如果管理者已经不堪重负而垂头丧气，你的下属还能精神振作吗？

管理者的言行往往具有很大的感召力，必要的时候，你能够敞开胸怀，乐观豪放，相信你的下属也会平添无穷的力量，增加对管理者的信任，齐心协力，共同去克服困难。

你的情绪是你自己的，由你自己来控制，只要你的意识在努力，就能很好地掌控自己的情绪。排遣忧愁，化解哀怨，努力去改变自己对事情的看法，凡事多往好的方面去想，你就会发现自己的情绪在一天天地改变，心情在一天天变好。只要你去做了，就不可能收不到效果。

不要为超越你命运的力量而惊慌、悲观，你只要尽最大的努力从事现有的工作，必定会有一线曙光展现在眼前。要为升迁的同事庆贺，并且照样干好自己分内的工作，该来的事情必定会来。

作为一名管理者，要是连自己的情绪都无法调节，那么，你肯定也不会去关心自己的下属，这是必然的。

管理者应该多花一些精力去关心一下自己下属的感情，因为正是下属的正常良好的工作，才使自己在管理者位子上坐得如此安稳。如果每个下属的情绪都不好，或者难以控制，而你作为管理者既不去及时调整改善他们的心情，也不去做好一些根本性的工作，自己反而也变得情绪不佳，工作将会难以开展。

这样的结果岂不是令人太悲哀了吗？

无论面临何种困境，绝不可抱着悲观的心态，否则就不能发挥出自己的智慧，并且会失去准确的判断，对所有事情都会感到一筹莫展。此时，必须摒弃悲观的念头，并且以冷静的态度追究其原因，如此才不会迷失方向，并且能以稳健的脚步向前迈进。

管理者不仅要控制自己的感情，还要用自己的好心情去感染下属。请记住以下要点：

当你走进公司的时候，别忘记清清楚楚跟下属说声：你好！让人觉得你充满朝气，性格开朗。

不论你是男性或女性，对于初来乍到的人，应该主动地跟对方握手，用力不宜太重，或是太轻，只要能让对方感到你的热诚，已然足够。

你要尽量争取直视对方的机会，大家目光接触的一刻，很容易拉近彼此的距离，令对方觉得你很尊重他。

人人都喜欢受到别人的重视，你应该多向下属提出问题，以示你对他极感兴趣。你不但可以提出一些私人问题，也可以问对方一些较深入的事情。

常言道：子女是看着父母的背影长大的。木匠或雕刻匠在成为名匠之前，一般师傅只告诉他们："看着做吧！"就是让他们自己摸索，学到的就是自己的。

在一般企业中，也常应用这种方法来训练员工的。例如，某大建筑公司在招入新进人员的头一个月内，根本不让他们做任何工作。这对于怀着雄心壮志进入公司的新进人员而言，感受又是如何呢？

"森田疗法"是日本的森田正马博士创造的，它可能是目前治疗神经病最卓越的方法。其中有一种称为"卧褥疗法"，是让病人住在单人病房中，房内没有电视、收音机，甚至没有人与他交谈。即使到了用餐时间，护理人员将餐点送入之后，也一语不发地离去。他们除了睡觉之外，必须度过极安静、无聊的时间。

如此一来，病人便完全沉浸在自我领域中，面对自己的烦恼及苦闷加以思考并追根究底，有时甚至承受辗转反侧的痛苦煎熬。在迷惘与消除迷惘的过程中，他们终会达到一种"悟"的境界，逐渐恢复平静的心情。此法开始实施时，会使人觉得百无聊赖，非常想找点事做，由原来极内向的性格，逐渐向外向发展，从而变得外向。然后，让他们做一些轻松愉快的工作，再逐渐改变为一般的工作，效率往往倍增。

管理者只有保持自己态度的乐观才能影响下属。你的态度绝对不容忽视，因为它主导着你的行动。

马克斯韦尔在他的《领导力21法则》一书中讲述了一个管理者能力的"磁力法则"。即"你是怎样的人，就吸引怎样的追随者"。我们从爱迪生的一生可以看到，他的乐观态度及热诚不仅驱动了自己，也激发了其他人“不成功不罢休”的精神。有一次他说道：“如果我们留下乐观开朗的品质给下一代，就等于给了孩子一份无价的资产。”不过可惜的是，我们常常会发现，有些管理者自己的态度不佳，却要求周围的人要乐观友善。这种言行不一的方式对下属是不可能有感召力的，因为人们会说：“他都那样，还说我们……”

作为管理者，如果你已经拥有了积极乐观的态度，那么就应该保持它；相反地，如果你很难对自己或他人抱持积极的态度，那也别泄气，因为你可以选择自己的态度，你也可以改变它。

人生中不快乐的事情，多半是由于你盲从了自己的感觉，而没有发挥驾驭自己的能力。当你面对新的挑战时，你内心的声音会告诉你事情必败吗？如果你内心的声音常常是消极的，就应该尝试经常对自己多做些鼓励。训练一个人内心态度的最佳途径就是：预防你的心灵逐渐消沉，以免触礁自毁。

每个人都有自己的长处，你应该努力发掘下属与别人不同的地方，恭维他，对方必定以同样的态度对你。

平时你需要多留意时事及任何新消息，使自己能有各方面的话题跟下属沟通，建立一个博学的自我形象，令下属觉得跟你在一起眼界大开，如沐春风。

管理警句 ★★★

人类最不可能被剥夺的自由之一就是，在任何状况下，我们仍然能够选择自己的态度。

3. 不要给下属贴上“标签”

上下级之间是一种相互依赖、相互制约的关系。这种关系处于良好的状态中，对于步调一致、发展生产有着重要意义。要重视员工，不要因为某些个人或一些群体不迎合自己的生活方式而对他们作出价值判断。你的方式可能对你是最适合的，但决不能认定对他人也是最好的。生活中并不存在什么最好的方式。

对于管理者而言存在着这样一种危险：忘记了员工也是人。我们眼中见到的只是标签，把人偏见地模式化，而后就期望某种模式的人做出相应的行为。这种做法会因考虑不周全而产生歧视并导致问题的产生。

管理者在处理与下属的关系上，要一视同仁，平等对待，不分彼此，不分亲疏。不能因为外界或个人情绪的影响，表现得时冷时热。

虽然有的管理者并无厚此薄彼之意，但在实际工作中，难免会接触到与自己爱好相似、脾气相近的下属，无形中冷落了另一部分下属。

剔除对人的分类，人与人之间有很多基本的共同点：我们都有感情，我们都持有观点，我们都认为自己比别人多一些智慧。把人们区别开来的是我们的服装、语言、口音、个人的经历、技能与背景。而所有这些都不应当使我们受到不同的待遇。

有些管理者由于自身的职位，拒绝同下属谈话；有些管理者认为下属什么都不懂；这样的事不胜枚举。利用地位权势占别人便宜，鄙视下属，表现傲慢，以高人一等的态度待人——所有这些都标志着你是一个很糟糕的管理者。

因此，管理者要适当地调整情绪，增加与自己性格爱好不同的下属的交往，尤其对那些曾反对过自己且反对错了的下属，更需要经常交流感情，防止有可能造成不必要的误会。

人都有一种本能的需要：希望被他人认可并被认为有价值。工作中最糟糕的经历不过是认为自己受到了贬低。这种经历可能是因为自己的口音或是在企业中的职位。人们最怕被人瞧不起，可很多管理者却在无意中一直这样做。他们忽视某些阶层的员工，后者会觉得被人抛弃，感到失望。这些管理者不愿去倾听低阶层的人的倾诉，对他们所说的话的价值根本不表示尊重。于是这些人最终就相信自己低人一等，工作不称职。

把员工当人来对待是说要对每一个人都表示真正的兴趣。

有一点值得注意，有的管理者把同下属建立亲密无间的感情和迁就照顾错误地等同起来。对下属的一些不合理甚至无理要求也一味迁就，以感情代替原则，把纯洁的同志之间感情庸俗化。

馈赠是一种加强联系的方式，但在管理过程中往往诱使管理者误入歧途。有些馈赠的背后隐藏着更大的获取动机，特别是在有利害冲突的交往中，随便接受馈赠，等于授人以柄，让别人牵着鼻子走。

管理者在交往中，要注意自己身边人员的状况。从实际情况来看，管理者的行为在很大程度上受制于其亲近的人，这些人对于管理过程既有积极作用又有消极作用。平时，管理者在一些事情上是依靠他们实现管理的，而他们又转靠“别人”的帮助来完成管理者的委托，于是就出现了“逆向”的情况。管理者周围的人可直接影响管理者行为，而“别人”又可左右这些人的行为，这里存在着一条“熟人链”。

显然，这些人不仅向管理者表达自身的需要，而且还要为“别人”办事，这自然增加了制约因素。

不要按照给每个人做好的“标签”而对人进行假想，不要抱有偏见。我们的很多行为都是无意识的。我们没有意识到自己发出去的信号，甚至不知道自己在做什么。我们往往也意识不到给他人造成的影响。我们在不知不觉中就传播了自己的偏见。我们总是自动地作出假设：一个人的行为举止总要跟其想象中的特定模式相吻合。当一个人真的这样做了，我们的偏见就又被加深了一层，全然不顾这些人表现出的例外。有这样一条不言而喻的道理：要像对待你自己那样去对待他人。分析一下你希望别人怎样对待你——那么就同样去对待每一个人吧，无论他们会是谁，当管理者也不例外。因此，你要记住的是：拒绝对下属的行为作出价值判断。做一名出色的管理者，你需要忘记他们“是谁”，而按照他们“是什么”来对待你的员工。

管理警句 ★★★

平等的第一步是公正。

4. 但责己，勿责人

无论谁担任管理者，下属中难免会有人专门喜欢说明理由、为自己所做的事开脱。如果理由正当勉强还可以接受，而歪理则会使得管理者深感头痛。管理者要先懂得鞭策自己，只有以斥责自己的方式来指责犯错的人才能见效，否则对方会视之为耳边风。

一个高明的管理者，会在责备下属之前先问自己，这个责任是不是我也有一份？这叫责人先责己。这样的管理者，才是勇于承担责任的管理者，才能让下属心服口服。

许多时候，特别是在事业受到挫折下属情绪低落时，负有一定管理责任的人能引咎自责，就能产生振奋人心、鼓舞士气的作用。

1946年8月，华东人民解放军某部进攻泗县失利，伤亡较大，士气低落。陈毅对大家说："三个月来未打胜仗，不是部队不好，不是师团不行，不是野战参谋处不行，主要是我这个统帅的责任，现在向指战员认个错。"全军上下被陈毅这种博大的气度深深感动，心中的怨气一扫而光，后来连打了几个胜仗。

除了那些只宜于小范围内私下进行的以外，自责时要敢于揭丑，不要怕失面子，尽可能在较大范围内公开进行。四川省原省长张皓若曾应邀参加一个高教工作座谈会迟到了半个小时，张省长对此作了这样的讲话："我今天迟到了半个小时，不管什么原因都不能自我原谅。我向大家作检查。不坚持改掉这种拖拉作风，还搞什么改革开放？"

不言而喻，一点失误，尽管由客观原因造成，当事人却立即进行公开的自我批评，这自然会得到群众的称赞。自责如果能与对手相结合，将显得客观公允，令人折服。

人才着实不好管理，但做管理者的，也不能因此而置之不理。

王明新是个普通的员工，品德不佳，不但做事不认真，而且经常借故请假。

有一天，他接到经理写给他的一封信，信上说："我一直以平和的态度对待你，凡事都抱着宽容的态度来处理，事实证明，我这种做法错了！如果我再不对你的所作所为进行提醒，不但对公司不利，对你自己也有害。你今天的态度根本是在欺骗你自己，对人生也欠缺思量。"每个人的心中固然会隐藏着烦恼和悲哀，但你却不敢正视，一味逃避现实，自甘堕落。这种散漫的态度可以偶尔为之，不过，人生并不是这么简单的，如果长期这样散漫下去，不久你就会发现你已经被自己、朋友和社会抛弃了。如果你对这份工作不满意，不想干也没关系，但是，千万不要悲叹自己的不幸，不要归咎他人，不要埋怨社会上缺少人情味，不论在什么环境之下，都不要存有依赖他人的心理。”

“人的一生总有许多不如意的时候，没有必要怨天尤人。”

“人生是孤独的，你要牢记，在这个世界上，除了自己以外，一切都不可靠。”

“这些话即使我不说，相信你也一定能懂，但我若不将它说出来，心里会一直过意不去，所以我才写了这封信给你。你心里也许有许多话要说，如果你愿意，可以把你心中的困扰告诉我，不论什么时候，都欢迎你来找我。”

“我给你10天的时间，在此期间，如果你能改过自新，公司依旧十分欢迎你，要是过了10天，你仍然没有回答我，还是过着自欺欺人的生活，你就不用回公司了。你可以到你要去的地方，做你要做的事。我在此静候你的回音。”

看完信后，王明新才发现这个世界竟然有人这么关心他，禁不住痛哭失声。此后，王明新在工作态度上有了很大的改变，同以前相比简直判若两人。

当然，自责的前提是真诚。否则，自责再多，也不过是言不由衷的做戏罢了。作为上级，要先懂得鞭策自己，以指责自己的方式来指责他人，才能见效。

管理警句 ★★★

♛ 会怪的怪自己，不会怪的怪别人。

5. 处变不惊，临危不乱

在日常工作中，一成不变的顺境是不可能存在的，也许就在你要松一口气的时候，困境却突然出现了。如果没有思想准备，它会让你措手不及，瞠目以对。要想成为一个优秀的管理者，在遇到危机的时候，一定要镇定自若，保持理智，这样才能稳定大局，使目标顺利实现，同时也能使你的下属对你更加敬重，树立自己的威信。反之，若在困境面前胆小怯懦，丧失理智，那么损失的不仅是事件本身，而且还失去了下属对管理者的尊重，失去了管理者的威信。

领导力的活动范围内总是充满着模棱两可和相互矛盾的东西，而管理者的任务总是伴随着风险和不确定性。

天下事理无穷，人的智力是有限的，没有人能将事物的变化算得一清二楚。在采取行动前，人们只能尽可能地对风险作出评估，而计算不到的地方，就需要靠勇气来承担。

2009年3月7日下午，空军航空兵某团正在进行飞行训练。此时，在距离地面4500米的高空处，特级飞行员李峰正驾驶歼－10战机实施战术机动课目练习。突然，发动机“降转信号灯”闪动，耳机传来语音告警信号，李峰意识到战机随时会出现发动机空中停车。同时，李峰很清楚一旦发动机停车，战机失去动力，后果将不堪设想。然而，李峰没有慌，他立即向指挥部报告，请求返场。

随后，李峰停止战术动作，快速检查发动机，控制速度，对准机场返航。但是，在距离机场6公里、战机处在1170米高度的时候，告警信号再次出现，发动机随即空中停车了！

紧接着，状态仪表失效，数据消失，屏幕全黑，战机以每秒25米的速度下坠，情况十分危急。指挥员下达指令，准备跳伞逃生。是迫降还是弃机跳伞？在生命攸关之时，李峰临危不乱，从容作出选择，他向指挥员请求尝试场内滑翔迫降。最后，凭借过硬的心理素质和娴熟的飞行技术，历经惊心动魄104秒，战机终于平稳着陆，人机两全。

我们看到，在危机面前，李峰临危不乱，从容应对。歼－10战机惊魂104秒迫降成功，李峰不仅保证了生命安全，还为国家避免了上亿元损失。

104秒，有1秒的慌张，都会万劫不复。对于管理者而言，非常时期，要驾驭企业“迫降成功”，也要有李峰般的临危不乱。

从容镇定，临危不惧，是一个管理者所应具备的基本品质。在危急的时刻，管理者的泰然自若，对于稳定局势、安定人心、解除危难，都起着决定性的作用。冷静、果断不仅在于能够稳定自己的情绪，更重要的是可能会对社会产生深刻的影响，同时，又能给他人一种信念、一种力量。

对于经验丰富的管理者，能够运用其方法轻松解脱临时而来的危机。

第一，增加管理的透明度。增加管理的透明度，可以有效地减少许多干扰行为，从而减少掣肘的发生概率。因而在做法上应掌握分寸。“过度”或“不及”同样会造成不必要的麻烦，诱导产生新的被动受阻的情况。

因此，增加管理过程透明度是十分必要的。它使群众对管理过程有了“底”，由此减少了阻碍管理过程的因素。它使管理者工作公开置于群众的监督之下，把在决策之后有可能产生的掣肘因素消化在监督过程中，减少执行实施中某些受制于人的情况。它满足了被管理者的自尊心和民主权利，减少了管理者工作的复杂性。

本来，有些掣肘事件在发生之前，只要管理者主动沟通一下即可化解。但是，由于管理者工作没有做好，导致了一些无谓的纷争，使自己陷入了阻力重重的境地。它会使管理者背上包袱，失去自我，有些人掩饰错误，以致积重难返。在这种情况下，管理者就不可能大胆地开展工作，就不可能大胆地纠正下级的错误。这样不仅管理者失去了自我，手脚被错误所缚，很可能在单位中还形成一种敢于犯错误的不良氛围，管理者面对此境，将会无能为力。

规则是人制定的，但规则一定，却又往往把人套住了。也就是说，当初制订规则时，是人绞尽脑汁从多方面想出来的，但一段时间后就与实际需要脱节，产生种种缺陷。若要加以修正，则需花费相当的时间和精力，人们只有继续墨守成规，成为规则的牺牲品。

针对这种情况，管理者必须时时注意自己所定的规则，是否有不合情理之处，或不切实际的需要。一旦发现这种情况，就应当拿出魄力，不畏艰难地进行改革，这一点是千万不可忽略的。

第二，管理者的理智思维，可以使目标明确，计划周密，执行慎重。孙子说："主不可怒而兴师，将不可愠而致战。"说的就是兴兵打仗不是动感情的事。在危急险恶的情势之下，保持清醒的头脑，冷静地分析形势，做到"怒不变容"是使问题得到圆满解决、化险为夷的关键。

一个合格的管理者，只有理智、机敏、考虑周到，才能稳定大局，使目标更加顺利有效地实现，也只有这样，才能树立自身的威信，使下属信服。

在事业上，再成功的人也难免遇上一些惊涛骇浪，如果不能很好地把握自己，很有可能会被大浪吞没。管理者在惊涛骇浪来临之时，要临危不惧，因时而变，把握自己的命运，迎接挑战。只有战胜一时的困难，才有可能到达胜利的彼岸。

从容镇定，临危不惧，是一个管理者应具备的基本素质。危急之时，管理者的镇定自若，对于稳定局势、安定军心、解除危难，起着决定性的作用。在事件面前能处变不惊、遇变不乱，需要管理者良好的自制性和稳定性素质。

一个管理者无论遇到什么样的变故，都应保持清醒、冷静和果断，这种冷静、果断不仅能稳定自己的情绪，重要的是可能对社会产生深刻的影响，同时，能给他人一种信念、一种力量。

管理警句★★★

优秀管理者处在不幸的处境中时，一定要有理智的头脑，处变不惊，只有这样才能处理危机，稳定大局，完成任务。

6. 虚心使人进步，骄傲使人落后

鲁迅先生曾说过：“夹起尾巴做人。”意思就是说，做人应该谦虚谨慎，特别是要戒气傲心躁，其实做管理也是一样。许多人做管理很是得意，但从实际中做管理这个角度考虑，恐怕怄气的时候更多一些，得意少些。这是因为商场如战场，险恶之境比比皆是，如果不夹起尾巴做人，恐怕很难立足。

一位伟人曾说过：“虚心使人进步，骄傲使人落后。”巴甫洛夫也告诫人们：“决不要陷于骄傲。因为一骄傲，你们就会在同一个场合固执起来。因为一骄傲，你们就会拒绝别人的忠告和友谊的帮助。因为一骄傲，你们就会丧失客观方面的准绳。”谦虚，是人性的美德，也是驯服人、驾驭人的要领。

聪明的人将做管理与做人联系起来，以平常心去做，管理地位才能长久；以虚荣心去做，不但管理地位保不住，恐怕家也不能兴旺。所以曾国藩就说：“居官不过偶然之事，做人居家乃是长久之事。”做管理与持家一样，需苦心经营，保持常人本色。这样，虽一旦失去管理者地位，尚不失为兴旺气象，若贪图管理者地位之热闹，没有平常之心，则离开管理岗位之后，便觉气象萧瑟。所以，不论是做管理者还是做人，凡事有盛必有衰，不可不预为计。

管理者身居高位，如果以谦虚待人，以礼貌敬人，就会得到人才，得到拥护。占据管理者的位置，而不能以谦虚尊人，以谦恭敬人，还要笼络别人为我所用，怎么办得到呢？

刘邦第一次接见"高阳酒徒"郦食其时，倚在一边让两个女子为他洗脚，郦食其问道："足下欲助秦攻诸侯呢，还是将要率诸侯破秦？"刘邦骂道："天下之人在秦朝统治下吃尽了苦头，我当然是率领诸侯攻秦，你怎么说我是助秦攻诸侯呢？"郦食其说："你下定决心聚徒合义兵以诛伐无道之秦的话，就不应该这么倚在一边接见长者。"刘邦一听，便停止洗脚，穿好衣服，请郦食其上座，并向郦食其道歉。郦食其于是为刘邦讲六国纵横之事，为刘邦制定了联合天下诸侯并合击暴秦的战略。刘邦也正是利用这种合纵战略，灭掉秦王朝，然后再同合纵的诸侯争夺胜利果实，进行了一场楚汉之争，最终打败项羽，建立大汉400年基业。

谦虚是天地的道理，管理者为人谦虚，众人就会服从指挥。所以《尚书》中有"谦受益，满招损"的说法。

《吕氏春秋》中讲过这样一个故事：

春秋时期，宋国有个国王就是一个非常自负的人，他执意认为，宋国是天下第一强国，是不可战胜的。

有一次齐国出兵来攻打宋国了，边境上的守将派使者来向宋王报告："齐国的军队已经逼近国境，边界居住的人民都很紧张，请大王速决策。"

但是，宋王听了根本不相信这套，因为在他看来，自己如此强大，齐国是根本没有胆量来碰他的。所以，这完全是边将胆怯心虚，谎报军情。于是不分青红皂白，就把这位使者杀死了。

然而，齐军是不会因这位使者的死而停止前进的，很快就到达了宋国的境内，边将只得又派使者回去报警。宋王是个榆木疙瘩，只相信自己，如何肯相信现实，结果又把这位使者杀死了。

没过多久，齐国的军队就打到宋国的都城来了，吓得宋王只好单车逃命了。

聪明睿智的人，必须遵守愚昧的原则；功盖天下的人，必须遵守让步的原则；勇武盖世的人，必须遵守怯懦的原则；富甲天下的人，必须遵守谦虚的原则。管理者因为自己的地位和金钱傲视别人，是无法获得追随者的。自高自大的人，管理者用恭敬来制约他；自尊自爱的人，管理者用礼仪来对待他；自矜自夸的人，管理者用荣誉来阻挡他，这样，天下人才将尽为管理者所用。

管理警句 ★★★

- 管理者凡事都要谦虚，不要盛气凌人、自取其辱。

7. 无可无不可

作为管理者，必须是一个有涵养的人，对下属要实行宽容的政策，善于求同存异，虚心听取各种不同的意见和建议，不要总是对一些细枝末节斤斤计较。因为宽容和谅解是一种很强大的力量，它能使人们被你吸引，从而爱戴你，信服你，并愿意为你服务。

史书上记载了孔子的一件逸事：

孔子有一天看到麒麟孤单地站在路旁寻觅伙伴，他因此感叹天下没有人能理解麒麟的志向和抱负。当时，子贡侍立在孔子身边，听到先生叹气，于是询问是怎么回事。孔子回答说："不怨恨上天，不责备别人，努力学习以求实现理想，了解我的人难道只有老天爷吗？不降低自己的志向，不玷污自己的身体，伯夷、叔齐不正是这样的人吗？我与他们不同，我无可无不可。"无可无不可，这是孔子之所以名垂千古的地方。

孟子在公孙丑询问伯夷、伊尹、孔子三人有什么不同时回答说：他们的处世之道不同。不是他认可的君主不服侍，不是他认可的人民不使唤；天下太平时就出来做官，天下混乱时就抽身而退，伯夷是这样的人。要是君主都能服侍，只要是人民都能使唤，天下太平时做官，天下混乱也同样做官，伊尹是这样的人。能够做官就做官，能够隐退就隐退，能够长期做官就长期做官，能够马上离开就马上离开。孔子是这样的人。孔子的境界不是伯夷、伊尹所能追赶得上的，孔子令人高不可攀之处，就在于他无可无不可。

古语说："宰相肚里能撑船。"对于现代人来说，管理者的肚子里要能开火车才行。对于具有不同脾气、不同嗜好、不同优缺点的人，你要学会去团结他们，因为你是一位管理者，你必须具备一颗平常之心。

如果下属看不起自己，不尊重自己，并且还和自己闹过别扭，甚至自己吃过他的亏，上过他的当，管理者仍要把握好自己的心态，去团结他。

也许你会说：我也曾努力试图这样做，但我就是做不到。是的，这样做，也许对你来说有些太苛刻了一点儿。但是如果你想一想，你有一天走进一家百货商店购买商品，或者到一家理发店接受服务，如果服务员对你态度温暖如春，你自然是心情舒畅，十分满意。如果对方是一副冷冰冰的面孔，话语寒人，对你的合理要求不理不睬，进而声色俱厉，你又会如何应对呢？管理者能否做到无可无不可，这要看他的胸怀是否宽广，见识是否高远。无可无不可，不是风吹两面倒，有也不多，无也不少的墙头草。历史上有许多管理者总是一意孤行，刚愎自用，凡事按照自己的性子来做，以为凭借个人独特的天赋就能掌握命运，这种人到头来终归难逃失败。有时偶尔能成事，但也只是昙花一现。例如第二次世界大战时期法西斯头目希特勒、墨索里尼就是这样的管理者，他们只有"有可有不可"的概念，而没有"无可无不可"的胸怀。

日本的索尼公司倡导尊重每一位员工，使人尽其才，安心工作。同时也能容忍员工的不同意见，包括一些难以避免的错误。索尼公司的观点是：只要有错即改，引以为戒，那就还有可取余地。

盛田昭夫就曾对他的属下说过："放手去做你认为对的事，即使犯了错误，也可以从中得到经验教训，不再犯同样的错误。"这体现了索尼公司的容人之心、宽容之心。这样，属下员工才敢放心大胆探索、实践，发挥创意，才有利于调动每一个员工的聪明才智。

"海纳百川，有容乃大。"宽容别人会展示管理者为人的博大胸怀和行事的恢宏气度。再杰出的人都会有出错的时候，容忍别人的错误，海阔天空，别有洞天。人才必有其特长，容忍其短处，发挥他的优势，管理者会得到他的真诚的信任；金无足赤，人无完人，容忍别人的缺点，管理者会得到他的感激与报答；甚至尊重竞争方的人才，诚心待他，管理者会赢得尊敬和人心。

管理警句

宽容是一种最不惧怕竞争的美德。

8. 首先重视别人能干什么

管理者是管理人才的伯乐，正如美国著名经营专家卡特所说：“管理之本在于用人。”

管理者在发挥人的长处的问题上，第一个会遇到的就是用人问题。管理者选择人员和提拔人员时所考虑的是以他能干什么为基础的。他的用人决策，不在于如何减少别人的短处，而是如何发挥人的长处。

谁想在一个组织中任用没有缺点的人，那么其结果最多只是一个平平庸庸的组织。想要找“各方面都好”的人，只有优点没有缺点的人（不管描述这种人时用什么词，“完人”也好，“成熟的个性”也好，“调教极好的人”也好，“通才”也好），结果只能找到平庸的人，也就是无能的人。强人总有某些缺点，有高峰必有深谷。谁也不能在十项全能中都强，与人类现有的博大的知识、经验和能力相比，即便是最伟大的天才都不及格。

一位管理者如果重视别人不能干什么，而不是重视别人能干什么，因此他以回避缺点来选用人而不以发挥长处来选用人，那么他本人就是一个弱者。他可能看到了别人的长处却把它当成对自己的威胁。但是事实上从来没有哪位管理者因为他的下属很有能力、很有效而遭殃。

美国的钢铁大王卡内基的墓碑上的碑文这样写道："一位知道选用比他本人能力更强的人来为他工作的人安息在此。"当然，这些人之所以比卡内基更强，是因为卡内基发现了他们的长处，并使用他们的长处。实际上，这些钢铁工作管理者之中的每一位只是某一特别领域里，在某一特别工作上比卡内基"更强"，而卡内基是他们的一位有效的管理者。

有效的管理者知道，他们的下属之所以拿薪水，是为了行使职责，而不是为了投上级所好，他们知道，只要一位女演员能招徕观众，至于她爱发多少脾气那都无关紧要。假如发脾气是这个女演员能使自己的表演达到至善至美的话，那么剧团管理者就是为受她的脾气而拿薪水的。

有效的管理者从来不问："他跟我合得来吗？"而问的是："他能做什么？"所以在用人时，他们发现别人某一方面的杰出之处，而不看他是否具有人人都有的能力。

知人所长和用人所长是合乎人的本性的。事实上，所谓"完人"或者所谓"成熟的个性"，隐含着对人的最特殊的才能的亵渎。人的最特殊的才能是：把他所有的资源都用于一项活动、一个专门领域、一项能达到的成就上的能力。换句话说，所谓"完人"或者"成熟的个性"的概念，亵渎了人的卓越。因为人只能在某一领域内达到卓越，最多也只能在几个领域内达到卓越。

当然，世上确有多才多艺的人，我们通常所说的"万能天才"指的就是这些人。但真正在多方面都有造诣的人还没有。即使是达·芬奇也只不过在绘画方面造诣较深，尽管他兴趣广泛。如果歌德的诗没有留传下来，那么他所有为人所知的工作也就是对光学和哲学有所涉猎，但恐怕不见得能在百科全书上见到他的大名了。伟人尚且如此，我们这些凡人就更不用说了。除非一个管理者能够发现别人的长处，并设法使其长处发挥作用，否则他就只有看到别人的弱点、别人的短处、别人对成果和有效性的阻碍的影响。用人只用别人的短处，只用别人的弱点，是对人才资源的浪费，是误用人才，说得严重些是虐待人才。

发现人的长处是为了要求成果，一个管理者不先问："他能做什么?"那么就可以肯定，这位管理者的下属不会有真正的贡献。这等于他事先已经原谅了他的下属的无成果。这样的管理者成事不足败事有余。真正"苛求"的管理者——事实上懂得用人的管理者都是苛求的管理者，总是先发掘一个人最能做什么，再来"苛求"他做什么。

老想克服人的缺点，组织的目标就要受挫。所谓组织，是一种工具，专门用来发挥人的长处，并中和人的短处，使其变成无害。能力很强的人不必参加组织，也不会想参加组织，他们自己单干会更好。我们绝大多数人，没有突出的长处，不可能凭仅有的长处就能奏效，更何况我们还有许多缺点。研究人际关系学的专家有一句俗语："你要一个人的'手'，就是他'整个的人'，因为他的人和手总是在一起的。同样，一个人不可能只有长处，短长总是和我们在一起。"

但是我们可以这样筹划一个组织，使人的弱点只是他个人的瑕疵，被排除在他的工作和成就之外。我们可以这样筹划一个组织，使人的长处能得到发挥。一位优秀的会计师，自行开业时可能会因为他不善于与人相处而受挫折，但把他放在组织里，我们就可以使他发挥会计业务之长，并把他的不善于与人相处之短排除在他的工作之外。

管理警句★★★

♛ 管理者必须给员工提供自由发挥的空间，不断强化员工的自我培训，为员工提供可供学习和进步的空间与时间，并且鼓励员工大胆地发挥自己的才能。

9. 让你的脸上带着微笑

人的最典型的表情有两个——哭与笑，微笑给我们带来的幸福，就不用多说了。谁也不希望自己的人生是麻木的、冷漠的，哭丧着脸的，人人相信“笑比哭好”。

现实工作、生活中，一个人对你满面冰霜、横眉冷对，另一个人对你面带笑容、温暖如春，他们同时向你请教一个工作上的问题，你更欢迎哪一个？当然是后者，你会毫不犹豫地对他知无不言、言无不尽，问一答十；而对前者，恐怕就恰恰相反了。

微笑也是一种魅力，它能够提升一个人的个人形象。

微笑，意即和善、亲切、不容易动怒。

企业里有仅仅是稍微注意下属即受到众人反抗的上司，亦有一开口便唠唠叨叨的叱责，然而却深受下属爱戴的主管。

身为管理者，为了能使下属发挥所长，并且带动整个团体向上，其先决条件是必须成为受爱戴的主管。要做到以下几点：

（1）对于工作要耳熟能详

“希望接受这位上司的指导，想要跟随他，听从他的话绝对不会错……”若下属对你有如此印象，你必然深受尊重。至于邀下属喝酒、送下属礼物的行为，是不必要的。

（2）保持和悦的表情

一位经常面带微笑的上司，谁都会想和他交谈。即使你并未要求什么，你的下属也会主动地提供改进工作的建议。

你的肢体语言，如姿势、态度所带来的影响亦不容忽视。若你经常面带笑容，自然而然地，本身也会感到非常愉悦、身心舒畅。

你能永葆正确的举止，在无形中它早已引领你迈向成功的大道了。有许多的运动选手，都表示类似的看法："我会在重要的比赛之前，想象自己得到优胜的情景。如此，力量立刻如泉水涌上来。"

一个永葆愉悦的神情与适当姿态的人，较容易受到众人的信赖。

（3）仔细倾听下属的意见

尤其是具有建设性的意见，更应予以重视、热心地倾听。若那是一个好主意并且可以付诸实施，则不论下属的建议多么微不足道，亦要具体地采用。

下属将因为自己的意见被采纳，而获得相当大的喜悦。即使这位下属曾经因为其他事件而受到你的责备，他也会毫不在意地对你倍加关切，产生尊重之情。由于上司对下属的工作提案相当重视，不论成败皆表示高度的关切，因此下属会感谢这位上司，并觉得一切的劳苦皆获得回报。

（4）不强求完美

上司交代下属任务时说："采取你认为最适当的方法。"即使下属获得的成果并不很完善，上司也能用心地令其改正缺点。即使受到这个上司的斥责，下属亦能由衷地感到歉意，并且尊重他。

通常主管希望能够分配稍微超出下属能力的任务给他，因此有能力的下属便会被分配到困难度较高的工作，能力稍显不足的下属便会分配到与其能力相当的工作，若任务未能达成，则不论下属的能力优劣与否，皆须公正地论断。

如果你认为："由于分配给他的任务很困难，因此，失败了也没办法。"那就犯了大错，因为如此一来，你原先信赖他而将较艰难的工作交给他的用意，便显得毫无意义。

你也必须具备对下属的包容力，不能忽略给予失败的下属适当的肯定。虽然下属的任务失败了，但不要忽略了下属在完成任务时所付出的努力，并且需要给予适当的评价。

人皆有悲天悯人之心，对于能力不好的下属有必要予以支援。你若故步自封裹足不前，整体可能将因为水准低而遭受淘汰的命运。

因此，切不可只站立于原位上。在当今竞争激烈的社会中，是不允许个人感伤的。

你忠于公司，专心于工作，在全力奋斗之际，若发现下属中有人无法跟上自己的步调时，你必须有所决定。

你想尽办法要求他和大家以同样的速度前进。因为期待心切，你才会斥责他、鼓励他，若他仍无法成长，只好将他调至其他单位。这样用心良苦，对他而言未必没有好处。

你在通知下属这个决定时，必须简单明了。若你表现得依依不舍并说些多余的话，反而会伤害到他。

如果下属能识大体，就毫无问题；若下属因而受到很大的打击，并显得意志消沉，你也不可轻易地给予同情。此时你应以豁然的态度表明："新工作也许更适合你，拿出精神好好地闯出一片天地！"

你不能与下属纠缠不清，而必须全力往前冲刺。

如你听说下属由于职务调动而一直无法东山再起时，则希望你拥有一颗仁慈的心，衷心地祝福他，相信你的诚心将会让他体会出来的。

微笑可以征服你的下属，而愤怒则不能！

管理警句 ★★★

笑容能照亮所有看到它的人，像穿过乌云的太阳，带给人们温暖。

趣味测试：

工作态度测试

一、说明

工作态度，可以看做是成就欲望，或者是“野心”、“事业心”等。一个成就欲望高的人，在工作时会更投入，对于一些创造性的、具有挑战性的工作，交给工作态度好的人会更好，而一些重要的领导岗位，更是需要担任者具备强大的成就欲望。

二、测试题

以下是单项选择题，a 代表“非常赞同”，b 代表“比较赞同”，c 代表“不太赞同”，d 代表“不赞同”。

1. 如果要你在生活愉快和富有之间选择，你总是选择生活快乐，因为你认为它最重要。a、b、c、d

2. 如果某项工作非完成不可，你就会不管压力和困难有多大，都会努力去完成它。a、b、c、d

3. 成败论英雄有时确实存在。a、b、c、d

4. 你容不得他人或者自己犯错误，一旦犯了，你会严厉批评或惩罚。a、b、c、d

5. 你非常看重名誉。a、b、c、d

6. 你的适应能力非常强。a、b、c、d

7. 只要是你决心做的事情，就会坚持到底。a、b、c、d

8. 如果别人把你看成身负重任的人，你会感到很高兴。a、b、c、d

9. 你有一些高消费的嗜好，并且你有能力承受和乐意承受这份消费。a、b、c、d

10. 如果你知道某个项目会有好的结果，你就很小心地将时间和精力花在这个项目上。a、b、c、d

11. 在一个团队里，你认为团队的成功比你个人成功更重要。a、b、c、d

12. 你是一个认真的人，即使眼看赶不上进度了，你也不愿草率工作。a、b、c、d

13. 能够正确地表达你的意思，你会很高兴，但你必须确定别人是否能正确了解你。a、b、c、d

14. 你的工作情绪总是很高，精力充沛。a、b、c、d

15. 你并不看重所谓的“金点子”，而更看重良好的判断和整体策划。a、b、c、d

三、评分标准

题号、答案及分值

1. a：0　b：1　c：2　d：3

2. a：3　b：2　c：1　d：0

3. a：2　b：3　c：1　d：0

4. a：1　b：3　c：2　d：0

5. a：3　b：2　c：1　d：0

6. a：3　b：2　c：1　d：0

7. a：3　b：2　c：1　d：0

8. a：3　b：2　c：1　d：0

9. a：3　b：2　c：1　d：0

10. a：3　b：2　c：1　d：0

11. a：3　b：2　c：1　d：0

12. a：3　b：2　c：1　d：0

13. a：3　b：2　c：1　d：0

14. a：3　b：2　c：1　d：0

15 a：3　b：2　c：1　d：0

四、评价

1. 总分为 0～15 分，说明你成就欲望不强，你更看重家庭生活的美满与精神生活的充实。

2. 总分为 16～30 分，说明你成就欲望较强，在事业与家庭之间，你会权衡利弊后作决定。

3. 总分为 31～45 分，说明你成就欲望强烈，对名利、金钱、权力很看重，野心勃勃。

·第四章·

优秀管理者的行为准则

ZHUOYUE GUANLIZHE SUZHI XIULIAN

管理者带领人们去他们想去的地方。而伟大的管理者带领人们去他们不一定想去但应该去的地方。

——罗萨林·卡特（美国前总统卡特的夫人）

1. 一语中的，消除疑虑

俗话说得好："打蛇打七寸。"说服他人也要抓住对方的要害。要知道对方在想什么，指出对方的弱点，这样才能有效地说服对方。作为管理者，要想说服下属，就应该抓住下属疑虑的地方，说服他人，不能总是考虑自己，要善于从对方的立场考虑问题。如果你心中有如此想法，认为"那是再自然不过的了"，你便握有成功的机会了。

东汉的班超，是一个有志气有胆识的青年，他自从"投笔从戎"之后，念念不忘要扬威国外，替国家做一番轰轰烈烈的大事业。有一次，汉明帝封他为司马，派他跟从郭恂出使到西域（即现在新疆一带）。

他们先到达鄯善国，这个国家与匈奴接壤，是汉朝和匈奴都想争取的对象。

鄯善国王名叫思，在两个大国的威胁下，无法决定该向谁靠拢。今见班超等汉使先来，招待得十分周到，正想趁这个机会，考虑和汉朝建立关系。但不到几天，这种殷勤忽然变得冷淡下来了。

正所谓"三天之前温又暖，三天之后冷如冰"。班超见这样子，心里疑惑起来，便对郭恂说："真奇怪，大家看到了吗？鄯善国王几天前对我们的态度是何等殷勤，现在忽然冷淡了我们，这里面必定有了缘故。我想，一定是匈奴也派使者来了，和我们展开了外交战，使他举棋不定：究竟是和汉朝交好，还是和匈奴交好呢？这从他的态度变化上完全可以看得出来！”

班超这样把情势分析之后，大家都同意他的看法。班超继续说：“这样看来，我们的处境可就危险了！”

说着，立即把负责招待的胡人叫进来，恐吓他道：“我有一句话问你，一定要老老实实说出来，说得好重重有赏；稍有含糊，叫你人头落地。我问你究竟匈奴的使者来了多久？有多少人？住在什么地方？”

那个胡人本来是个粗人，被班超这一吓，慌成一团，便一五一十地把匈奴使者的一切情况通通说了出来。

班超觉得事态严重，已经到了火烧眉毛了，可是他一点也不害怕。这时班超身边只有36个官兵，便全部把他们召集起来，开一个紧急会议，先把那个胡人扣留起来，不使其与外面联系，然后席地饮起酒来。

大家正饮得高兴的时候，班超霍地站起身，激动地对大家说：“我们都是汉朝人，为何要跑到这荒凉的地方来呢？还不是想为国家立点功劳，求点富贵？可是，我们现在已被围困住了，进不能，退不得。初到这里的时候，鄯善王对我们十分客气，这是大家都有同感的。但最近几天，匈奴也派使者来了，他的态度忽然冷淡起来，这说明形势已对我们不利，鄯善王现在所疑虑的是我汉朝与匈奴哪个更有利于他，所以，我们要赶快想个办法来打消他的疑虑，说服鄯善王归顺汉朝。”

大家一听，面面相觑，其中一个人说：“事情危急，还请司马给大家出个主意吧！”

“对，我们一齐跟着司马走！”大家异口同声地说。

班超继续说：“只有两条路，跑，或是咬！但跑是条死路，我们只有这30多个人，能跑到什么地方去？恐怕半路上就会被消灭。唯一的办法只有咬，先下手为强，大家同不同意？”

“同意！”

"我现在已经知道匈奴使者有多少人，住在什么地方了。今晚我们就动手，给他们一个措手不及。他们现在正是得意的时候，不会想到我们的突然行动，自然也不会防备我们的突袭，一旦闹起事来他们便会手足无措。等到把这些匈奴人解决了，鄯善王自然会死心塌地地归顺我们。"

于是，大家趁晚上偷袭，杀了匈奴使者，使他们全军覆没。

天亮以后，班超带领着众官兵跑到鄯善王那里，把杀死的匈奴使者的头颅掷给他看，并说道："你所疑虑的不就是匈奴吗？现在，他们使者的头颅就在这里，你还有什么可疑虑的？"

鄯善王一看，事情都到了这个地步，也就无话可说，只得归顺了汉朝。

对待一些有疑虑、心有顾忌的人，你要想说服他，就应该先解除他的疑虑、顾忌。一旦你成功地做到这些，他们就会对你产生好感，自然而然地对你产生一种敬意，你再稍加展开攻势，他们就会被你说服。

管理者在说服下属之前，一般会为自己设立一个明确的目标，就是通过说服希望对方做出什么样的行动。这时，你只需考虑自己内心世界的真实想法，而不必忙于顾忌对方。

管理警句 ★★★

难听的实话胜过动听的谎言。

2. 少犯错误比华而不实更易成功

管理工作和围棋一样，都不是一种逞强好胜之道。朴实无华的棋手，是最难对付的。

中国有句成语叫做：失败是成功之母。意思是人们能够从失败中学到很多经验，为以后的成功做好准备。其实，人们在失败中是学不到什么经验的，只有痛心疾首的教训而已。

对只有一线希望的或根本没有什么希望的事情，你却为此付出了百倍的努力，表面看来，你是在努力完成着自己的使命，殊不知，你正在犯一个很大的错误。事实上，少犯错误比华而不实更容易成功。

在科学技术高速发展的今天，社会上的竞争日趋激烈。一旦因为由于管理者失误而使组织走向失败，你是很难从头再来、反败为胜的。事业的发展，必须以能够生存下来为第一前提。

韩国著名围棋选手李昌镐有句名言："棋局如人生，下棋时，布局越华丽，就越容易遭到对手的攻击。在生活中，少犯错误的人，要比华而不实的人更容易成功。"

李昌镐从15岁开始名扬天下，小小年纪竟有70岁老人的定力，人称少年姜太公。长大以后更是被围棋界人士称为"石佛"。据说在一场世界职业围棋比赛中，一位日本摄影师为李昌镐拍了30多张照片，当时挑中了一张，但临到洗片子的时候，他却找不到哪张是该洗的了。因为仔细一看，李昌镐在那30多张照片里的表情几乎是一样的，没有什么变化。人们说，你就是为李昌镐拍1000张照片，如果不是姿势有别，从表情上看是找不出变化来的。

李昌镐在对局中，以不变应万变，心理状态非常稳定，从不会举棋不定。这是许多棋手一直都在追求而没有达到的良好的对局心理。对于一个职业棋手而言，不仅需要精力和体力的持久性，还包括对诱惑、过分自信以及轻率计算出击的警醒。这是明察天下大势的胸怀与寸土不让的决心的有机结合。

我们这里所探讨的管理者少犯错误，是指在日常工作中，组织的管理者要含而不露，在不声不响中增长自己的才能，发挥自己的特长。英国散文家托马斯·卡莱尔所说："我们应专注眼前的工作，不要只顾远眺模糊的未来。"

以李昌镐的能力，本来可以在棋盘上淋漓尽致地展示自己的才华，然而他给对手的感觉就好像面对一座沉默的大山，表面上好像并不会给你多大的威胁，而你也很难从他那儿找到一举确立胜势的机会。完败于李昌镐手下的人很多，但是大家都基本上输得心服口服。围棋发展中一切华丽的东西，在李昌镐面前黯然失色。

李昌镐其人其艺已经浑然一体，在他的棋中，表现出他的人生观与世界观。一般说，李昌镐的棋风朴实无华，是一种本身不出错并耐心等待对方出错的"后发制人"的棋。他有极强的实力，但又不轻易动武。他的思路，看来与古代军事家"先为己之不胜，以待敌之可胜"的思想是一脉相承的。

对手出错是棋手的胜因之一。试想，在长达几个小时或几天的比赛中，无论是进攻还是防守，在规则上都是公平的，双方轮流下子，如果双方都不出错，那么最后总是平手。而这是不可能的事。

这样，下棋的每一方在下每一着棋的时候，就有另一种意义，那就是都在用自己的棋，为对手准备出错的机会。进攻的棋，是在威胁对手出错；而防守的棋，是在静中观动，是以不变应万变，怀着希望等待对手出错。

《老子》一书中有三宝的说法："曰慈、曰俭、曰不敢为天下先。"

老子解释说，只有慈才能勇，只有俭才能广，不为天下先才能得到人们的尊敬，成为管理者。李昌镐的胜利观，是同老子一样的。他在下棋时，总是一副慢慢吞吞的样子，他好像永远走在对手的后面，但是对手所走的每一步，他都看得很清，他了解对手在想什么，他也知道，自己在什么时间，在什么地方能够赶上去。

管理工作和围棋一样，都不是一种逞强好胜之道。强调要有一种境界，有一种“不战而屈人之兵”的居高临下的感觉，在最高的境界中，一切艰难险阻变成了坦途。一般来说，朴实无华的棋手是让人最难对付的。他们知道自己的意愿、理想和能力，只是决定事态发展的若干力量中的一小部分，因此，他们倾向于用一种非常实际的、着眼于现实的方式来迎接挑战。

要看清自己的选择，是否值得自己为之付出，不要肉包子打狗有去无回。但也不要对自己的选择失去信心，如果有立竿见影的良策，就努力去追求吧！

管理警句 ★★★

最大的问题在哪里呢？根本来说，就在于做正确的事与正确地做事之间的矛盾，也就是效果与效率之间的矛盾。不用说，再也没有什么比高效率地完成一件根本不应该做的事情更糟糕的了。

3. 关键时刻拉人一把

在企业内部的管理中，管理者非权力性影响力的作用是建立在下属的忠诚上的。如何获得下属的忠诚，是管理者力的重要体现。通过关爱下属，可赢得下属的忠心。

大多数的企业一遇到不景气，就以减薪及裁员来渡过难关，这种做法很容易熄灭员工的工作热情。

一旦受到不景气的冲击，就把一切的不利景况全部归咎于员工，这种做法简直就是消磨员工的斗志。这就像是古代朝廷为了减少支出，因而削减官吏的俸禄。这种做法非但使官吏意志消沉，也间接纵容了官吏收受贿赂的恶习，所带来的弊害比节省薪俸严重多了。

懂得人心的管理者所采取的做法完全相反。

> IBM 的创立总裁华生先生，在离开 NCR 到 CTR（IBM 的前身）担任董事长时，首先面对的就是资金的匮乏与人员的过剩问题。依靠华生的信用，得到了摩根公司的融资，从而解决了资金匮乏的问题，剩下的就是人员过剩的问题。CTR 那些旧主管都向华生先生提议以裁员渡过难关，但华生先生却反对，他说：裁员对公司而言是经营合理化的政策，但对员工而言却是影响一生的问题。所以，即使人员过剩或人员的能力不足，都不能轻易裁员。华生先生从训练原先的员工做起，并未裁减任何一个人。

但这并非表示 IBM 完全没有炒鱿鱼的事件，只是说明在公司采取解雇手段之前不放弃任何机会再做最大的努力，为过剩的人员找寻新的工作机会，对于能力不足的员工则以教育培训开发其能力。

下属若遇到困难或挫折感觉压力很大，如上司能及时伸出援助之手，他自会感激万分，而更乐于跟随上司。上司帮助下属也并非轻易可以做到的，特别是当上司为下属承担失误的责任的时候，更受人尊敬。

有的员工工作劲头很大，但当工作陷入僵局时，越是想以鼓足的干劲予以克服，对于事物的观点往往越是局限、狭隘，并使原有的意愿大打折扣，难以达到目标。管理者此时应以指导者出现，指导下属突破瓶颈。如果员工固执于某事，难以有所进展，管理者可即令其停止工作，或将一件小事转交他去办。待他避开固执的念头，重新回到原来的工作时，必然可以从不同的角度找到解决问题的办法。如果一名员工只完成了他说能完成的计划的2/3，就应该调查没有完成计划的原因，然后指导他如何学会坚持不懈地将工作任务完成，管理者也可以指导下属正确估计自己承担工作量的能力。

管理警句 ★★★

♛ 困境中伸出一只手，会比成功时伸出两只手拍出的掌声更容易让他感动。

4. 不要吝啬赞美

人人都渴望赞美，哪怕只是一句简单的赞语，也会给人带来无比的振奋。

管理者赞扬下属是为了更好地调动其积极性，激发员工的热情和干劲，光会说一些漂亮话是不够的。配合实际行动，不失时机地显示你的关心和体贴，无疑是对下属的最高赞赏。

韩国某大型公司的一个清洁工，本来是一个最被人忽视，最被人看不起的角色，但就是这样一个人，却在一天晚上公司保险箱被窃时，与小偷进行了殊死搏斗。

事后，有人为他请功并问他的动机时，答案却出人意料。他说：当公司的总经理从他身旁经过时，总会不时地赞美他“你扫的地真干净”。

你看，就这么一句简简单单的话，就使这个员工受到了感动，并以身相许。

这也正合了中国的一句老话“士为知己者死”。

美国著名女企业家玛丽凯经理曾说过：“世界上有两件东西比金钱和性更为人们所需——认可与赞美。”

金钱在调动下属们的积极性方面不是万能的，而赞美却恰好可以弥补它的不足。因为生活中的每一个人，都有较强的自尊心和荣誉感。你对他们真诚的表扬与赞同，就是对他价值的最好承认和重视。而能真诚赞美下属的管理者，能使下属们的心灵需求得到满足，并能激发他们潜在的才能。

有位企业家说：“人都是活在掌声中的，当下属被上司肯定、受到奖赏时，他才会更加卖力地工作。”戴尔·卡耐基也曾说过：“当我们想改变别人时，为什么不用赞美来代替责备呢？尽管下属只有一点点进步，我们也应该赞美他。因为，那才能激励别人不断地改进自己。”

常言道：重赏之下必有勇夫。这是物质的低层次的激励下属的方法。物质激励具有很大的局限性，比如在机关或政府，奖金是不随意发放的。下属的很多优点和长处也不适合用物质来奖励。

一个做事正确并受到正面评价的员工，很可能会继续保持原来的工作行为。同样，一个人因为做了错事而得到负面反应的话，很可能不再重复这种行为。但是，如果一个人做了正确的事，而没有得到任何反应会怎样呢？所需要的工作行为可能会持续一段时间，但最终会衰退。因为似乎没有人关心他们。

许多管理者注意到他们的下属办事是正确的，符合自己的意愿，这种想法固然是好的。但是，他们总不能将这些正面评价的想法用语言表达出来。如果管理者想得到和保持良好的工作业绩，就必须让下属知道你的注意、关心他们所做的每一件事，让他们得到精神上的安慰。

下属很认真地完成了一项任务或作出了成绩，虽然此时他们并不在意，但心里却默默地期待着管理者的赞美，但管理者一旦没有关注或不给予公正的赞扬，下属必定会产生一种挫折感，对管理者也会有看法。这样的管理者怎么能调动起大家的积极性呢？

如果管理者希望效益降低，不妨在大庭广众之下指出某个人的错误。“你会使这个人感到难堪，以后他不但不愿跟随你，可能一辈子都不会原谅你！假如在场的人有支持他的，你的敌人就更多了！因此，绝对不要轻易尝试！”有位研究管理学造诣极高的学者提出这样的建议。

赞美是合乎人性的管理法则，适当得体的赞美，会使人感到开心、快乐。这时候，管理者会听到这样的心声：“他很清楚赞美我的表现，我就知道他是真挚地在关心我、尊重我，并且很熟悉我的工作内容。”同时，你会得到意想不到的回报，那就是当人们感到自己的表现受到肯定和重视时，他们会以感恩之心表现得越来越出色、越来越精彩。

管理者的赞扬不仅表明了管理者对下属的肯定和赏识，还表明管理者很关注下属，对他的一言一行都很关心，使其在精神上受到鼓励。

一有机会就赞美你的下属，永远不要嫌多。赞美你的下属，用真诚的微笑来示意和表达，微笑的力量无坚不摧，微笑是最好的管理者。当然，最直接的方式，还是用语言来赞美别人。

当杰克·韦尔奇担任一个有前途的工作小组的主管时，他在办公室里安装了一部专用电话，所有直属的采购人员都可用这部电话直接和他通话。任何一个采购人员如果能使卖主降低价格，就可以打电话给韦尔奇。不论韦尔奇当时是在谈一笔价值百万元的生意或是正在和秘书交谈，他一定会立刻放下一切，亲自接电话：“好消息，你使每吨钢铁的价格降低了5分钱。”一说完，他就会若有其事地坐下来写一封贺信给那位采购员。

这整个的赞美过程看来既紊乱又含糊，然而韦尔奇却借着这种象征性的行动，使自己及下属成为英雄。

管理者的赞美可以使下属认识到自己在群体中的位置和价值以及在管理者心中的形象。工作成绩被肯定，是人的价值得到了最期望的肯定，当下属得到赞赏和鼓励后，会本能地发出更多的光和热。为什么管理者不能学得慷慨一些呢？试着去寻找下属身上值得你赞赏和称赞的东西，并且真诚告诉他。一开始也许不容易，但不久就会习惯的。

管理警句 ★★★

♛ 管理者对下属的赞扬不仅不需要冒多少风险，也不需要多少本钱或代价，就能很容易地满足一个人的荣誉感和成就感。

5. 现身说法，以身作则

很多时候，人们常用自己的亲身经历作为例证，对别人进行说服。这种说理方法具有现实性强、可信度高的特点，只要运用得当，很容易达到说服别人的目的。管理者只有身先士卒，做出榜样，才有号召力，才能率领下属前进。

《战国策》上记载了这样一个故事，战国时期，齐国的相国邹忌，常常思考着如何说服齐王听取他关于治国的策略，以使齐国强盛起来。

有一天，邹忌早上起来照镜子，在镜子中看到自己修长的身材、俊美的容貌、整齐的衣冠，颇有一些扬扬自得。

他边照镜子边问妻子：“你说我与城北的徐公谁美呀？”

妻子不假思索地回答：“当然是你美了，徐公哪里比得上你呀！”

邹忌有一点不相信，因为徐公是齐国远近闻名的美男子，于是便又问他的妾，妾回答说：“徐公怎么能比得上您呢？”

这一天有客人来拜访他，邹忌于是又问客人，客人说：“徐公没有您美。”这更使邹忌飘飘然起来。

第二天徐公来拜访邹忌，邹忌仔细看了看徐公，又照着镜子反复地对比，怎么看都是徐公比自己美。这引起了他的深思：明明是徐公长得比自己美，可是妻、妾与客人却都说自己比徐公美，这是什么原因呢？他终于想出了答案：妻子说他美，是因为偏爱他；妾说他美，是因为害怕他；客人说他美，是因为有求于他。

邹忌上朝去见齐威王，对他讲完了这段亲身经历的事情后，说：“现在齐国方圆千里，有一百二十座城，嫔妃左右，莫不私王；朝廷上的众臣，莫不畏王；国境之内，莫不有求于王。由此看来，您受的蒙蔽实在是太深了。”

齐王听完邹忌的话，于是就下令全国：“群臣、官吏、百姓有当面揭发我的过错的，受上赏；上书揭发我的过错的，受中赏；能在大庭广众之中揭发我的过错的，只要被我听到了，受下赏。”

这道求谏令刚下，群臣纷纷进谏，门庭若市；几个月之后，偶尔还有来提意见的；一年后，即使想提意见的人也没的可说了。齐国也因此而很快强大起来，燕、赵、魏各国都来齐国朝拜。

邹忌为了劝服齐威王接受进谏，就通过现身说法，由浅入深地向齐王阐明道理，说服了齐王纳谏。

现代企业中，管理者为了摆脱困境，要求下属同心协力渡过难关，但身居要职的管理者却依然浪费无度、公物私用。有些管理者虽然会对这种过于浪费的行为感到不好意思而有所节制，但却没有太大的改变，依然滥用私权来满足个人的私欲。到处充斥着隐瞒实情和不公平的事。

下属期待的管理者，是在非常时期能够表现得与众不同，且能够断然地作出决定，迅速敏捷地采取行动。只有这样的管理者，才能强有力地支配下属。

1942年，为了粉碎国民党对陕甘宁边区的封锁和包围，党中央和毛泽东同志发出了“自己动手，丰衣足食”的伟大号召，开展了轰轰烈烈的大生产运动。当时，周恩来同志在繁忙的工作中，仍抽时间和同志们一起参加生产。尽管周恩来左臂受过伤，但他却全然不顾，在很短时间内就学会了全套纺线本领，并纺出了头等线。在一次纺线比赛中，还被评为纺线能手。周恩来同志的模范行动，极大地鼓舞了同志们的生产热情，在中央机关中迅速掀起了纺线的热潮。

行动比诺言更响亮，管理者只有和下属一起用行动来实现自己的号召时，才具有最大的说服力和影响力。周恩来同志的模范行动，之所以“极大地鼓舞了同志们的生产热情”，就在于他以自己的行动响应了党中央的号召，这比向中央机关干部作一次报告更为有效。

企业中的管理者也是如此。在竞争越来越激烈的今天，企业随时随地都会面临各种困难。如果企业不加紧脚步，就很难在困境中取得一席之地。当面临困境时，管理者能够身先士卒面对难关，坚定沉着的精神就会传达给下属，让大家都能够勇敢地面对挑战。

管理者既然要求下属做的，自己就应首先做到，这样才能取得主动权，才能得到下属的信任，下属才会自觉地跟着管理者走。可见管理者的行动比嘴巴更能调动下属的积极性，所以身教重于言教。言行不一，这是身为管理者的大忌。除了工作上要带头之外，管理者的表率作用也应体现在日常生活中的小事上。管理者不能忽视生活小节，不能搞特殊化，不能因自己是管理者而违反纪律。这样才能体现一个管理者对自己的严格要求。

管理警句 ★★★

今天，卓越的管理能力关键在于影响他人的能力，而不是职位所赋予的权力。

6. 许诺一定要兑现

古人云，君子一言既出，驷马难追，言必行，行必果。这是做人的准则，也是管理者处理好与周围人际关系，树立自己威信的方法。管理者的命令不是圣旨，但管理者的承诺却有着沉甸甸的分量。对于管理者不能实现的诺言，最好今天就让下属失望，也不要等到骗取了下属的积极性后，那样会让他们更失望。

不少管理者所做的最糟糕的一件事就是爱许诺，可他们却又偏偏不珍惜这一诺千金的价值，在听觉与视觉上满足了下属的希望之后，又留给了下属漫长的等待与杳无音讯。

某高校一位系主任，向本系的青年教师许诺，要让他们中的2/3评上中级职称。但当他向学校申报名额时却出了问题。学校不能给他那么多中级职称的名额。他据理力争，跑得腿酸，说得口干，但还是不解决问题。他又不愿把真实的情况告诉系里的教师，只对他们说："放心，放心，我既然答应了，就一定要做到。”最后，职称评定公布了，众人大失所望，把他骂得一钱不值。甚至有人当面指着他说：“主任，我的中级职称呢？你答应我的呀。”而校领导也批评他是“本位主义”。从此，这位系主任既在系里的信誉扫地，也在校领导面前失去了好感。

诺言如同激素，最能激发人们的热情。试想你在头脑兴奋的状态下，许下了一个同样令人兴奋的诺言：若超额完成任务，大家月底将能够拿到40%的分红。这是怎样的一个消息啊。情绪高昂的人们已无暇顾及它的真实性了，想象力已穿过时空的隧道进入了月底分红的那一幕。

接下来人们便掰着指头算日子，将你的许诺化为精神的动力投入辛勤工作之中去了。到了月底，人们关注的焦点还能是什么呢？而你此时最希望的恐怕就是有一场突如其来的大运动，将人们的注意力通通引向另一个震荡人心的事件，最好是员工们就此得了失忆症，再见到你时，问你的都是“我是谁？”这样的问题。

难以实现的诺言比谣言更可怕。虽然谣言会闹得满城风雨、沸沸扬扬，但人们不久就会明白事实的真相，但你的未实现的承诺骗取的是人们真心付出。就如你让一个天真的孩子替你跑腿送一份急件，当孩子跑回索要你的奖赏时，你已溜之大吉，那孩子可能会由此而学会了收取定金的本领。一旦你的员工有了这样的心态，那你在组织中就是一个彻底的失败者，你的权威没有了，难得的信任也失去了，赤裸裸的雇佣关系会让你觉得自己置身于一个由僵硬的数字符号构筑的组织环境之中。

当然，这里要提倡的还是你许下诺言并勇于承兑诺言的守信作风，想想田间耕耘的老农，他从绿油油的庄稼看到了来年收成的希望，你的许诺也会让你的员工感觉到将要收获的一个沉甸甸的未来。诺言的兑现让所有的等待了许久的人有一种心满意足的喜悦，更坚定了他们的未来就在自己手中的信念。你也将成为众人关注的热点，伸向你的不再是讨要报酬的大手，而是热情的、助你成就的有力臂膀。

有许多诺言是否能兑现，不只是取决于主观的努力，还有一个客观条件的因素。有些照正常的情况是可以办到的事，后来因为客观条件发生了变化，一时办不到，是常有的事。因此，我们在工作中，不要轻易许诺，许诺时不要斩钉截铁地拍胸脯，应给自己留一点余地。当然，这种留有余地是为了不使对方从希望的高峰坠入失望的深谷，而不是给自己不作努力留好退路。

管理警句 ★★★

对于管理者来说，你不能实现的诺言，最好今天就让下属失望，也不要等到骗取了下属的积极性后的明天让他们失望。

7. 以诚待人

“精诚所至，金石为开”这句古老的格言至今仍然历久弥新。热情诚信可以像无线电波一样传递给别人，比长篇的大论或华丽的辞藻更有力地传达你的理念，使人认同你的观点。为此，爱默生曾经说过：“缺乏热诚，难以成大事。”

汉末诸侯纷争，天下大乱。各路诸侯纷纷招兵买马，划分势力范围。梦想恢复汉室的刘备，手下既无精兵强将，又无城池可作根据地，尤其重要的是缺乏一位能够运筹帷幄之中、决胜千里之外的谋士。当时的刘备求贤若渴，幸得徐庶推荐，才得知在南阳卧龙有一天下奇士——诸葛亮。

于是，刘备便带上两位结拜兄弟关羽和张飞前往隆中请诸葛亮出山。哪知出师不利，诸葛亮家中的小童子告诉刘备“先生今早外出”。性急的张飞听罢，便对刘备说：“既然不在，我们回去吧。”刘备却说再等一等。最终等不到，方才回去。

过了数日，刘备派人打听，得知卧龙先生已回，便要二顾茅庐。张飞却不耐烦了：“量一村夫，何必哥哥自去，可使人唤来便了。”刘备叱责了张飞，说孔明乃当世大贤，岂可使人召唤。于是，便顶风冒雪二请诸葛亮。至诸葛亮家中，不料他又不在。无奈之下，刘备只好写下亲笔信，表达他对诸葛先生的敬仰，然后告辞而归。

等到刘备想第三次拜访诸葛亮时，就连关羽也不耐烦了：“兄长两次亲往拜谒，其礼太过矣。想诸葛亮有虚名而无实学，故避而不敢见。兄何惑于斯人之甚也!”刘备只得拿周文王与姜子牙的故事来规劝二位兄弟。于是，三人便再次前往隆中。

离诸葛亮的草庐还有半里地时，刘备便下马步行，以示对诸葛先生的尊重。这次卧龙先生虽然在家，不巧的是正在熟睡。于是，刘备便率领两位兄弟安静地站于屋门之外静静地等候。终于，诸葛亮被刘备的诚意所打动，起床接待了他们，并答应出山。

这便是人尽皆知的“三顾茅庐”的故事。事实证明，刘备所做的一切都是值得的。倘若没有孔明的鼎力相助，刘备不可能同曹操、孙权形成三足鼎立之势。

诚心换忠心，黄土变成金。

美国一家汽车轮胎公司的经理肯特先生，有一次在一家小酒馆吃饭，无意中碰了一个喝得酩酊大醉的青年人，惹起了这位醉汉的不满，对肯特大打出手。幸亏酒店老板的及时劝阻，肯特才得以脱身。

后来肯特得知这个青年发明了一种能够增强轮胎强度的技术，并且申请了专利，但是他寻找了好几家生产汽车轮胎的厂家，要求他们购买他的专利，结果都空手而归，并且还受到他们嘲弄，因此整日郁郁寡欢，经常来酒馆借酒浇愁。

肯特却毫不介意，并且决定聘请他来自己的公司做事。

一天早晨，肯特在青年工作的工厂门口等到了这个青年人，这个青年人却已经心灰意冷，不愿向任何人谈起他的发明。但是，肯特却一直在工厂的大门口等候。肯特从早上8点钟一直等到了下午6点。这时，那个青年人走出厂门，没想到这次他一见肯特的面，便爽快地答应了与他合作的要求。

肯特也正是在得到这个年轻人之后，才推出了新的汽车轮胎产品，从而取得了巨大的商业成功。

一个管理者能否成功，尤其在他创业的初期，很大程度上取决于其所拥有的下属的能力。能否拥有一些真正的人才，是一个管理者能否走向成功的关键所在。要吸引人才，方法很多，但始终都摆脱不了一个“诚”字，要待人以诚。这个“诚”可体现在诸多方面，例如对自己孜孜以求的人才要保持耐心，始终不温不火，恭敬有礼，相信总有一天你会感动他的。

诚到深处情自现，不见诚字不见情。所以要做一个出色的管理者，只有诚恳待人、宽以待人，才会获得事业上的好伙伴、前进中的好帮手，才能真正地在激烈的社会竞争中立于不败之地。

管理警句

要首先引起别人的渴望，凡能这么做的人，世人必与他在一起，这种人永不寂寞。

8. 让你的下属忙碌起来

在用人方面，管理者如果真的信任某个人，就应该不停地给他压担子，让他忙碌起来。即使他只是你一个下属，他的内心会因为他忙碌起来由衷地感谢你，因为你信任他。

繁忙的工作常常会使人感到更快乐一些。给下属更多的工作，让他们有机会发挥自己的才能，也能治疗种种烦恼、沮丧以及不满，使得你周围的环境更“好”起来。

人可能天生就需要忙碌一些。当你一天到晚忙于工作，甚至忙得不可开交，辛苦自然是辛苦一些，但等到你忙完了你手头的所有工作，你会发现，其实正是工作给我们带来了更多的喜悦和快乐，是工作使我们变得更充实，使我们觉得人生才更有意义。

人都需要找事情做，不管他是忙于工作，还是忙于其他的毫无意义的事情，他总要有事情做。所以，才有了“人闲生是非”这样的俗语。因为他有精力，这些精力他总得找个途径将其发泄出去，如果他没有正经的事情要做，他就会走东家、串西家，说些东家长西家短的是是非非。因此，你可以看看你周围的人和单位，哪家单位越是闲，这家单位的矛盾是非肯定就多。个人也是如此，你要是看谁要是闲得无聊，就会不停地到各处去搬弄是非，搅得大家都不安宁。

所以，仔细琢磨一下，你会觉得我们汉语中“闲得无聊”这句话说得实在是很有道理。

有一家公司让老板很头疼，办公室员工纪律不佳，员工们往往只待上几天就不想再待下去。令人奇怪的是，这家公司的老板是个很民主、很开明的人，待员工们的态度很好，薪水待遇方面甚至比其他同类型的公司还要高一些，节假日老板从来不会发生让员工加班的事情。老板没辙了，只好求助于一家咨询公司，将上面的情况向专家谈了。最后，他说："我就是不明白，我这么好的老板，可是员工们为什么要把时间都用在了钩心斗角、争执和抱怨上，用在一些没有一点意义的事情上呢？"

咨询专家的结论是：老板没有使员工们忙碌起来，他们是因为没有足够的工作去做，这才导致他们心情沮丧、心绪不宁，工作效率低下。

咨询专家同时为他开出了解决问题的药方：要么裁减员工人数，要么有更多的工作让他们去做。专家同时声明，只增加员工的工作强度，不增加薪水。

这位老板选择了后一种方案，他回去之后每个星期都要三番五次地开研讨会，要求员工每天都要完成预定的进度。由于工作量很大，员工们只好自动加班加点，拼命工作。可奇怪的是，工作比原来多了许多，薪水也没有增加，员工们却没有丝毫怨言，而是以一种积极的态度跟老板一起讨论工作，制订新的计划。

之所以会出现这样的结果，原因很简单：员工们忙得再也没有时间发牢骚，也没有时间到处去搬弄是非。

还有一家企业的业务科长刘先生，是个做事勤快、富有亲和力的好好先生，但是他的这些优点却给身兼管理者的他带来了极大的困惑，上司、下属甚至是其他部门的同事，大家都异常地依赖他。

有些员工连一些很细小的问题也都要来请教他，他倒是来者不拒，耐心地一一作答，所以到了最后大家一遇到问题都来找他解决，而他也都会毫不犹豫地接受下来。直到后来一些人连自己能够解决的问题、自己的本职工作都来麻烦他。

但是，结果却很不尽如人意，刘科长的下属们永远都无法独当一面，因为刘科长把下属们该做的工作都做了。所以，整个单位一天到晚就见刘科长一个人在忙碌着，其他的人却一天到晚无所事事。

类似这样的事情一定要尽量避免。一个管理者，如果变成了一个有求必应的人，下属就无法成长起来，这同时也给管理者本人造成许多困扰，所以，要想方设法使你和你的员工们都忙碌起来。

用这种使自己和员工们忙碌起来的方法去治疗“闲得无聊”的毛病，在许多情况下都可以使用。

作风大胆，敢为下属设定快速步调的销售主管，要比那些“让推销员自己规定销售目标，却不怎样催逼他们”的主管，更快乐、更具生产效益。

在部队中，那些想要使自己的部队具有严格纪律的军官们，都会尽量使他的下属“保持一种忙碌状态”，让他们忙碌得没有时间想其他事情，以打消士兵们的思乡情绪。

在家庭教育中，一些做父母的把孩子的时间安排得满满当当，让孩子经常忙忙碌碌。这样的父母会比那些让自己的孩子饱食终日、无所事事、到处闲逛的父母要高明得多，而孩子们发生问题的概率也比那些“闲”孩子低很多。

繁忙的工作常常会使人感到更快乐一些。给别人更多的工作，让他们有机会发挥才能，也能治疗种种烦恼、沮丧以及种种不满的情绪。

管理警句 ★★★

工作是医治“闲得无聊”的最好药方！所以，当你发现自己和你的员工们变得几乎绝望，而且神经紧张的时候，你也可以使你自己和你的员工们尽快忙碌起来。

趣味测试：

行为能力测试

你是一位杰出的管理者吗？麦肯锡杰出管理者行为测试将告诉你答案。

请按杰出管理者行为的重要程度对 15 个行为排序，凭你对哪些是杰出管理者行为重要性的理解和第一直觉，写在相应行为之后，不能更改。

用你的排序减去相对应给出的杰出管理者行为排序，负的取绝对值，最后将 15 项相加求总和。

杰出管理者行为能力测试：

1. 创造一个让员工有成就感的工作环境。

2. 会问问题，真正倾听，并努力理解。

3. 友好，易亲近，有亲和力。

4. 召开定期审查会议来评估工作情况，并让团队参与决策和解决问题。

5. 密切监督团队每个成员的动态。

6. 在解决团队问题方面有创造性。

7. 使团队成员把注意力放在关键性的几个目标上。

8. 庆祝团队成功。

9. 愿意妥协。

10. 实践走动式管理。

11. 从不表露出生气或不赞成的态度，避免冲突。

12. 确保团队成员有足够的资源。

13. 征求和给予员工反馈意见。

14. 知道每个员工的工作和员工的表现。

15. 善于摆平争端。

杰出管理者行为能力排序：2，4，9，3，12，11，1，8，10，7，15，5，6，14，13

得分参考：

杰出的管理者（40 分及以下）

优秀的管理者（41～50 分）

胜任的管理者（51～60 分）

及格的管理者（61～70 分）

71 分以上为有待培训提高的管理者。

·第五章·

做一个注重细节的管理者

ZHUOYUE GUANLIZHE SUZHI XIULIAN

把每一件简单的事做好就是不简单，把每一件平凡的事做好就是不平凡。

——张瑞敏（海尔集团总裁）

1. 从细节入手，打造非凡领导力

增强团队精神是每位管理者必须做到的，只有强大的团队才能在市场的大潮中立于不败之地，才能做大公司。没有强大的团队，管理者的工作魅力怎能得到下属的认可呢？

形象地说，一个真正的团体就是一群志同道合的哥们儿。

有个管理者胸有成竹地说：“就算你没收我的生财器具，霸占我的土地、厂房，只要留下我的伙伴，我将东山再起，建立起我的新王国。”

我们看过一些非凡的管理者，他们好像有天生独特的再生能力、魔力，可以在很短的时间内，扭转乾坤，将一群柔弱的羔羊训练成一支如雄狮猛虎般的管理团队，所向披靡。

此外，我们还会发现：每位成功的管理者几乎都拥有一支完美的管理团队。

这些成功的管理者所率领的团队，无论是他的成员、组织气氛、工作默契和所发挥的生产力，和一般性的团队比起来，总是有相当大的不同的地方。

我们所说的团队精神主要包含哪些方面的内容呢？

（1）团队成员相互尊重

这主要有两方面的含义：一是特定团队内部的每个成员之间能够相互尊重，彼此理解；二是团队的管理者能够为团队营造一种相互尊重的氛围，确保团队成员有一种完成工作的自信心。人们只有相互尊重，尊重彼此的技术和能力，尊重彼此的意见和观点，尊重彼此对团队的全部贡献，团队共同的工作才能比这些人单独工作更有效率。

（2）团队内部充满活力

一个团队内部是否充满活力，我们可以从以下三个方面看出来，这也是管理者需要注意的地方。

①热情

大家对共同工作满意的程度如何？是否受到工作的鼓舞？想干出成就吗？成功对大家有无激励？

②关系

团队成员能愉快相处并享受着作为团队一员的乐趣吗？团队内有幽默的氛围吗？成员之间是否能共担风险？这都对一个团队具有很大的影响。

③主动精神

团队是否有创造性的想法？是否积极思考，寻求问题的解决方案？能否发现机会，敢冒风险？团队是否能提供团队成员挑战自我、实现自我的机会？

（3）员工对团队的高度忠诚

团队成员对团队有着强烈的归属感、一体感，强烈地感受到自己是团队的一员，绝不允许有损害团队利益的事情发生，并且极具团队荣誉感。

那么，作为团队中的一员，我们又应该从哪些方面培养自己的团队合作能力呢？

第一，让自己得到大家的喜欢。

你的工作需要大家的理解支持和认可，而不是反对，所以你必须让大家喜欢你。除了和大家一起工作外，还应该尽量和大家一起去参加各种活动，或者礼貌地关心一下大家的生活。总之，你要使大家觉得，你不仅是他们的好同事，还是他们的好朋友，这对你开展工作有很大的帮助。

第二，寻找发掘团队内积极的因素。

其实在每个团队中，每个成员的优缺点都是不尽相同的。你应该去积极寻找团队成员的优点，并且向其学习。让你自己的缺点在团队合作中被消灭。团队强调的是协同工作，较少有命令指示，所以团队的工作气氛很重要，它直接影响到团队的工作效率。如果团队的每位成员，都去积极寻找其他成员的优点，那么团队的协作就会变得很顺畅，团队整体的工作效率就会提高。

第三，要对每个人寄予希望。

谁都有被别人重视的需要，特别是那些具有创造性思维的知识型员工更是如此。有时一句小小的鼓励和赞许就可以使他释放出无限的工作热情。并且当你对别人寄予希望时，别人也同样会对你寄予希望。

第四，保持谦虚的态度。

团队中的每一个成员都可能是某个领域的专家，所以你必须保持足够的谦虚。任何人都不喜欢骄傲自大的人，这种人在团队合作中也不会被大家认可。你可能会觉得某个方面别人不如你，但你更应该将自己的注意力放在别人的强项上，只有这样你才能看到自己的肤浅和无知。谦虚会让你看到自己的短处，这种压力会促使你自己在团队中不断地进步。

第五，时常检讨改正自己的缺点。

你应该时常地检讨一下自己的缺点，比如自己是不是还是那么对人冷漠，或者还是那么言辞锋利。这些缺点在单兵作战时可能还能被人容忍，但在团队合作中就会成为你进步成长的障碍。团队工作中需要成员一起不断地讨论、研究，如果你固执己见，无法听取他人的意见，或无法与他人达成一致，团队的工作就无法进展下去。

团队的效率在于配合的默契，如果达不成这种默契，团队合作可能是不成功的。如果你意识到了自己的缺点，不妨就在某次讨论中将它坦诚地讲出来，承认自己的缺点，让大家共同帮助你改进。当然，承认自己的缺点可能会让人感到尴尬，你不必担心别人的嘲笑，你只要得到同伴的理解和帮助，从而发展自己的事业。

创造一支有效团队，对管理者来说是有百益而无一害的，如果你努力做到的话，你将可以获得以下莫大的好处：

- “人多好办事”，团队整体动力可以达成个人无法独立完成的大事。
- 可以使每个成员的技能发挥到极限。
- 成员有参与感，会自发地努力去做。
- 促使团队成员的行为达到团队所要求的标准。
- 提供给追随者足够的发展、学习和尝试的空间。
- 刺激个人更有创意，更好的表现。
- “三个臭皮匠，胜过一个诸葛亮”，能有效解决重大问题。
- 让冲突所带来的损害降至最低。
- 设定明确、可行、有共识的个人和团体目标。
- 管理者与继承人即使个性不同，也能互相合作和支持。
- 团队成员遇到困难、挫折时，会互相支持、协助。

请务必牢记在心：一支令人钦羡的团队，往往也是一支常胜军。

他们不断打胜仗，不断破纪录，不断改造历史，创造未来。而作为伟大团队的一分子，每个人都会骄傲地告诉周围的人说：“我喜欢这个团队！我觉得自己活得意义非凡，我永远不会忘记那些大伙儿心手相连、共创未来的经历。”

通过在团队里学习、成长，每位伙伴都会不知不觉重塑自我，重新认识每个人跟群体的关系，在工作和生活上得到真正的欢愉和满足，活出生命的意义。

一个真正的团队能让你如虎添翼，临危不乱，所向披靡！

管理警句 ★★★

一个团队是由许多大小因素构成的，如果管理者不精于排兵布阵，把这些“因素”有效地组织成一个整体，整个团队就会是一盘散沙。

2. 小事之中见人品德

宋朝吕元膺在担任东都留守时，一次与一个掌管钱粮的下级弈棋。当吕元膺去处理紧急公务时，这位钱粮官却趁机偷换了一颗棋子，最后赢了这局棋。吕元膺当时对此虽有察觉，但并未吱声。一段时间后，吕元膺借故把此人调离身边，放到外地为官，并预言此人终将因贪污而受惩罚。后来果然不出他的所料。

吕元膺以一棋子认人，可谓识人于微，毫厘不爽。这里面有什么道理吗？没有，古人说，“不矜细行，终累大德”，“道自微而生，祸自微而成”。一个人的思想素质和道德品质如何，并不一定等到这个人犯了多大的错误才显示出来，其实从这个人对很多细小问题的处理上就有所反映。

识人本应于细微处，但现实生活中仍有不少人忽视这一点，以致犯下用人失察的错误。比如宋朝的蔡京在王安石执政推行新法时，他积极响应，从而得到王安石的信任和提拔。当王安石变法失败时，他便很快站到保守派一边，抨击新法反对改革。其实蔡京这个人向来就爱耍两面派，而王安石却疏于对其细微之处的考察，以致上当受骗。

人因其有思维能力，所以往往有其虚假的一面。兵法《阴符经》中说：“性有巧拙，可以伏藏。火生于木，祸发必克。”有的人看似忠心耿耿，为实现管理者意图赴汤蹈火在所不辞，实际上是“立小忠以售大不忠，效小信以成大不信”；有的人对人表面上甜言蜜语、言听计从，实则背后使绊子、捅刀子；有的人从外表上看言不逾矩、行不违规，实则居心叵测、藏奸怀诈；有的人夸夸其谈，好像无所不知、无所不能，实则金玉其外，败絮其中，经不起实践的检验；有的人在管理者面前一味卖乖讨好，实则首鼠两端、见风使舵。诸如此类，都决定了对每个人的了解，必须从细微处做起。

在用人方面失察的原因，有的人是被假象所蒙蔽，有的人则是尽管看到了他们身上的毛病，但却经不住这些人的花言巧语，对他们的问题不以为然，并缺乏进一步的认识。比如有的人爱巴结权贵。对这种行为稍有点脑子的人都能看出：自己在位时他来巴结，当别人在位时，他一定要去巴结别人；而这种人一旦提拔起来，就一定会巴结更大的权贵者。可是我们有些管理者一旦被这种人“套”住，往往就不这样想，结果使这种人的愿望得逞，造成用人上的失误。

古今中外对品德的考核始终是人事考核因素中的重要内容。一些资深的人力资源管理者认为，在创业时期，只求其才，不顾其德，只能是权宜之计；守业阶段，要靠对“德”来巩固业绩，拢住人才，则必须德才兼备才行。不对员工进行品德方面的考核，往往会使企业受到意想不到的损害。

唐太宗李世民可谓一代明君，但他有时也重才轻德，偏听偏信。在他的晚年，就误用了才气有余、德性不足的武将——兵部尚书侯君集。当侯君集带兵攻破高昌之时，私吞了无数的金银珠宝。然而，唐太宗却认为侯君集战功卓著，继续加以重用。最后，侯君集终于走上了与太子承乾勾结谋反的道路。唐太宗自从吞下这枚苦果后，就元气大伤。唐太宗用人不当的事例，说明了对人才品德进行考察的重要意义。现在许多成功的企业在员工品德考核方面也为我们做出了榜样。

几年前，一家全球知名的跨国公司在招聘员工过程中就发生过这样一件事：经过笔试、面试、面谈等层层筛选，几百名应聘者中只有不到10人闯入了最后的面试。最后面试那天，这几个应聘者是一个一个接受面试的。总经理在面试过程中，并没有过多地考察他们的专业知识。但是，在面试结束时，他对每个人都说了这样一句话：“你还记得吗？半年前，在一个研讨会上，我们就已经见过面了，当时你还宣读过一篇稿子，写得真是不错……”其实，这只是个幌子，总经理根本就没有参加过这个研讨会。

但是，除了最后那个女孩外，前面所有的人都顺着总经理的杆子往上爬：“您一提醒，我想起来了，咱们确实见过面。至于说那篇稿子，写得还很不透彻，希望您能多多指教……”那个女孩听完总经理的话，心里犯了嘀咕：“总经理肯定认错人了，我就没有参加过那个研讨会，他怎么能认识我呢？可是，否认吧，当着几位考官，又太不给总经理面子了；承认吧，也不合适……”最后，小女孩一咬牙，非常从容地回答道：“总经理先生，我想您可能认错人了吧，我当时出差在外，没能赶回来参加这个研讨会。非常抱歉，让您失望了……”说完后，女孩礼貌地站了起来朝外走，她当时已经不抱任何希望了。但是，就在她打开门之际，总经理叫住了她，“×××小姐，我们决定录用你了。”

事实证明，总经理的决定是正确的。在后来的工作中，这个女孩的工作成绩确实非常突出。“那么，员工到底应该具备什么样的品德呢？难道就是忠厚老实吗？”当然不是，忠厚老实仅仅是基本的要求，在这个充满激烈竞争的社会中，“德”至少还包括——义、信、勇、谋。具体来讲，“义”就是在取得成绩时保持平静的心态，不过分炫耀，“信”就是讲信用，自己答应过的事情一定尽全力办到；“勇”则指面对困难毫不畏惧，并且想办法克服困难，取得最后的成功；面对多变的环境，随机应变掌握主动，这就是“谋”。

在日常的工作过程中，员工做事的风格，例如，是否尊重别人，与其他同事合作；是否尊重事实，知错必改；是否遵纪守法，维护公共利益；是否能够保守公司的商业秘密；是否言行一致，说的和做的一个样；是否能够公正地对待员工；是否两袖清风，洁身自好；是否在任何场合都有一样的表现……这些都是员工品德的具体表现，都应当是员工品德考核的内容。

管理警句★★★

从细微处识人，是管理者识人用人的一个重要方法。在识人问题上，要透过现象看本质，通过小节看到大节，不为假象所迷惑，不因其错小而忽视。要听其言、观其行，从日常生活中观察，从一点一滴中了解，这样，用人的失误一定会大大减少，管理能力一定会有所提升。

3. 细枝末节体现人情味

一个团体或公司单位聚集了来自五湖四海、四面八方的人。作为管理者，你想过没有：这些性情各异的人为何会聚集在你的周围，听你指挥，为你效劳?

人们总是习惯于对他人建立一个影像，然后与这个影像交流，而不是他本人。这些影像都是有规定模式的，通常是被曲解的或是建立在偏见基础上的，很少是通过客观分析及理性建造形成的。例如，会计。我们为会计建立的影像便是：他们极少开口说话，从不张扬不该张扬的东西，他们具有特定的程序以及功能。

遗憾的是，许多人吸收了别人所设想的他的特征，而不是原本的他。他们开始扮演他人所期望的角色。这一点在管理者身上体现得尤为突出。

作为管理者的关键不在于产生一种你认为管理者是什么样的影像，也不在于按照员工认为一个管理者是什么样的影像，关键在于就是做一个人。也就是去除那些你认为某些人应是怎样的概念。就是说要平等对待每一个人。

要做到这一点，最重要的就是忘掉每个人身上的标签："他是管人事的，她是会计，他是开车的……"同样重要的是，千万不能将人们分成不同类别。如果将人们分成不同类别，只会让我们很容易地根据带有偏见性的假想对他们的行为作判断，而不是根据他们的起初表现来作决定。

作为管理者，很容易以自我为中心产生影像来增加自我重要感。往往，管理者总是自以为是，不再谦卑，失去对不是管理者的员工的尊敬。这种自我重要感大大地低估了那些在最前线却没有如此特权的员工对公司的贡献。

真正优秀的管理者应是采取简单而且基于常理的方法，真的将员工当人看待而不是某种影像，给人以平等感。信任员工，尊重员工，

听取员工的意见，向人们吐露秘密，与大家开玩笑，真诚地对人产生兴趣。这些管理者甚至真诚地希望从别人身上学到更多的东西，得到后，并示以感激之情。

这都是很简单的道理，同样也是人之常情。如果你希望别人可以为你付出他们的全部，你必须要有人情味，将别人当做人来看待。

要让别人觉得你有人情味，并不是通过宣扬自我来体现，而是实实在在的通过日常生活中的细节来加以表现：

- 给到你办公室的人沏茶。
- 主动为女员工让路。
- 慰问生病员工。
- 休息时与员工聊天。
- 到员工常去的餐馆就餐。
- 与大家一起关注体育赛事。
- 和员工讨论文学及音乐等话题。
- 邀请员工家人一同共进晚餐。
- 给老员工和勤奋工作的人以鼓励。

无论做什么，宗旨只有一条：将如何做一个人的原则应用于对待其他人。无论你的事业取得多么骄人的业绩，也不要将自己高高挂起。这一点说得容易，在实践中大多数管理者都是很难办到的。

管理警句 ★★★

俗话说："浇树要浇根，带人要带心。"管理者必须摸清下属的内心的愿望和需求，并予以适当的满足，才可能让众人追随你。

4. 平庸与杰出，差别在细节

中国经济和发达国家的经济、中国企业和国际大型企业之间真正的差距在什么地方呢？通过对国内外有关国家经济和企业管理的考察以及理论研究，得出的结论是：中国经济和发达国家的经济、中国企业和国际大型企业的真正差距不是在人们瞩目的重大战略上，而在于细节管理的缺位！

中国古人有很多关于细节重要性的论述，如"不积跬步，无以至千里；不积小流，无以成江河"，"千里之堤，溃于蚁穴"。这就是所谓的"成也细节，败也细节"。当有人问李嘉诚成功的秘诀时，他答道："成功的秘诀不在于大的战略决策，而在于做好细致工作的韧劲。"也就是说人和企业的成功在于坚持不懈地做好细致的工作！

管理者要充分理解和注重细节管理，就要摒弃浮躁心理，借鉴成功的细节管理，加强学习，深刻了解把握企业发展规律、有耐心，有成效地进行细节积累工作，做好细节管理。

曾有一家电器公司的区域经理，擅长和经销商喝酒拉关系，对各种营销理论也耳熟能详，可业绩却并不是很好。在他心里，始终觉得自己对负责的市场已经付出了无数的心血，也一直觉得自己是一名杰出的销售人员，是公司的业务明星。他总认为是总公司的支持政策迟迟不能到位，才是他举步维艰的罪魁祸首。

但事实的情况和他说的完全不一样，他完全是在一个混沌的状态下工作：每天业务员出门干了什么他根本不知道，工作中只听业务员的汇报而很少直接去了解市场，也有所谓的“工作汇报系统”，但是那上面连最基本的访问记录都是空白——原因是业务员觉得那都是多余的，于是他也放弃了这项工作。

最有意思的是在当地最大的一家家电卖场，他们品牌的展台上居然有其他知名企业的产品。当别人指出他的这些错误时，他居然一副“虽然有点小错但是也不值得大惊小怪”的样子。

虽然这家企业不断吹嘘自己的营销队伍是“最优秀的，是过硬的”，但一个不关注细节的企业必然是平庸的，后来该企业销量的不断下滑恰好说明了这一点。

平庸和杰出企业的最大的差距便是对“细节的关注”。以销售队伍而言，平庸企业的营销人员在细节上都非常的“偷懒”，上司逼得不紧，也就得过且过，开了订货会，有了订单，算是交差。而杰出企业的营销人员绝对不会像上面这家企业一样，只会泛泛而谈，他们的营销人员整天挂在嘴上的往往是一些很细节的问题，如分销、陈列、销售、收款等。

在某跨国公司的杭州分公司，有一支很优秀的销售队伍，他们的团队成员每天讨论的是如何把商店的陈列达到最佳，竞争对手最近有什么动态，如何应对其他产品的竞争等。当集团公司的市场和销售总监来做市场检查的时候，不是穿着西装对销售人员指手画脚，而是和业务员一起动手理货。

所以该公司的巧克力多年来一直稳居市场占有率的第一位，这并非是因为跨国企业的背景或者是广告做得好，其实这个品牌的大部分巧克力是在国内销售的，在国外销量极其有限。这家公司成功的一个重要原因是因为它有着一群对每个销售环节都抠得很细的销售人员，他们对竞争对手的打击是从消灭他们的每一个细胞开始的。以这家公司的订货会为例，他们拿到的业绩是其他公司订货会的4~5倍！

是他们有什么特别诱人的促销方案吗？是他们请大牌明星到会捧场吗？都没有，唯一可圈可点的是他们对细节的关注。

为了这样的订货会，他们一年前就在全国选择了一个城市作为试点，全程拍摄，并且对这个试验性会议进行了很多仔细的研究，市场推广部也在这些研究的基础上制定了厚厚一本的"订货会操作流程手册"。在订货会之前，会议的组织者又一起去将要开会的城市进行观摩，一起参与会场的布置，会议的安排，事先的预演。在开会前，他们又和经销商开了好几次准备会议，关于流程、会场布置、人员安排、客户邀约、模特的选择、时间安排、可能会出现的问题及解决方式等都进行了详细的讨论。

会议开始前一天，他们按照计划布置好了会场，又详细地将所有人员的工作重新确认了一下，物料和会议资料重新进行了检查，所有的会场设施和宾馆服务人员的工作时间也作了确定。最后，又将第二天的程序完全预演了一遍。

就是这些完善的准备工作，就是这些对细节的关注，让这家公司赢得了经销商的心，赢得了整个巧克力市场。平庸企业和杰出企业的差距就在这些细节中，这些看似不起眼的细节，却往往是从平庸到杰出的天堑。

管理警句 ★★★

竞争的优势归根到底是管理的优势，而管理的优势则是通过细节来体现出来的。

5. “小事”不小

做事千万不可以被大小限制，要跳出大小的圈子。人生价值真正的伟大在于平凡，真正的崇高在于普通。小事一般人都不愿做，但成功者与一般人最大的不同，就是他愿意做别人不愿意做的事情，愿意付出别人不愿意付出的代价。因为他们知道平凡中有伟大，普通中显崇高，成功源于做好每一件小事。这既是成功的秘诀，也是为人处世的真谛。

相反，自命不凡的思想要不得。许多白手起家而事业有成的人，在小学徒或小员工的时候，就能以最高的热忱和耐心去面对上司给予他们的小工作。正所谓“一屋不扫，何以扫天下?”只要你把自己定位在一心一意地做好身边小事的基础上，世上就没有做不好的事。

给事情进行大事和小事的分类是为了做好工作，但有时很难分清楚什么是大事，什么是小事。在特定的情况下，甚至不能说向一个员工问好就是小事，而召开一次战略规划会议、销售介绍会或者财务分析会就是大事。

向一个员工问好也完全有可能成为重大事件。很多最细小的行动，都无法预见其最终结果，因此，在行动之初，对每一个事件都值得给予关注。它们都是你工作或生活中的一个有机组成部分，若对它们给予足够的关注，则其结果将会非常不同。就像父母能从孩子的细小行为或不重要的言谈中，看到与其密切相关的东西。如果这些行为被忽视了，那么将会失去一个培养孩子能力的重要机会。

若你认为宏图大略才是真正的大事，而那些“无关战略”的事情根本不值得关注，那么，很可能将有一大堆“小事”给你带来一连串麻烦，导致你的重大机遇会被破坏，直至化为泡影。

例如，20世纪80年代一家著名出版社的负责人，希望该出版社在出版界的某一特定领域占据主导地位，于是决定以相当可观的价格购买一家比较小的出版社。该负责人急于推行这一购买活动以确保出版社在市场中的重要地位，因此给手下施加压力，使他们在没有做好细致的准备工作之前就仓促上阵，他却说：“我们以后能关注那些细节。”

然而，他手下的快速行动忽略了一个不能被忽略的细节。数以千计的客户订购了这家出版社的产品，出版社订单在握，这很好；账单及时开出，这也很好。但是只有20%的客户支付了货款，不知是什么原因，有人忘记了检查货款回收率。这件事情不是被有意隐瞒的，而是被淹没在其他大量琐碎的财务细节中，这样，非但不能使整个战略产生预期效果，而且其造成的损失对出版社之后的业务开展带来了很不好的影响。

在公司中，是否行政总裁高人一等，而保安就低人一等？这是个很严重的错误，因为它不可避免地导致那些人给别人强加某种“高”或“低”的特性。例如，高层的人一定聪明，对吗？他们一定具有令人瞩目的营销观念或者崭新的产品创意，对吗？不对。在公司里，没有任何一个人会比其他人具有更多的人性价值。如果不考虑每一项工作的重要性、收入或地位，没有人比别人更高或更低。我们经常将一个工作的市场价值和人性价值相混淆，而且出于利己的需要，我们常常将层级制曲解成为在公司内部的社会等级制度。

在一个组织当中，管理者不一定是最聪明的人，但是他们可能擅长协调和激发其他人的才能。他们明白，自己的职责是把这些才能和其他资源汇集在一起运用，以获取公司的利益。事实上，管理生涯最成功的企业管理者，将是这样的管理者：他们能从公司的基层员工身上寻求创新，并且能够不论员工的等级，对他们给予认可和奖励。

即使每个人都能被奖励，也不是每人都会得到同样的报酬。那些对公司而言被认为具有更多价值的工作会得到更多的报酬，对这个事实你要看开一点。人们会理解对于公司的成功，收发室的工作人员和资深销售人员的职位不是同样重要的，但当你把邮件分拣人员视为“低微”的人，他们就不能理解或接受。当这一切发生时，“低微”的人就会变得不满。虽然他们的工资和福利或许很有竞争力，但他们感到没有受到正确的评价，所以失去了对公司的责任感。

聪明的管理者知道，当不再评价事物的大小高低时，所有的岗位都被放在一个平等的地位来考虑时，真正决定其重要性的是你的战略目标。

管理警句 ★★★

♛战略和计划一定要从细节中来，再回到细节中去。好的战略只有落实到每个执行的细节上，才能发挥其作用。

6. 天下大事，必作于细

海尔集团总裁张瑞敏说："把每一件简单的事做好就是不简单，把每一件平凡的事做好就是不平凡。"

水温升到99℃，还不是开水，其价值有限；若再添一把火，在99℃的基础上再升高1℃，就会使水沸腾，并产生大量水蒸气来开动机器，从而获得巨大的经济效益。100件事情，如果99件事情做好了，一件事情未做好，而这一件事情就有可能对某一单位、某一宿舍、某个人产生百分之百的影响。

我们工作中出现的问题，的确只是一些细节、小数点上做得不完全到位，而恰恰是这些细节的不到位，又常常会造成较大影响。

对很多事情来说，执行上的一点点差距，往往会导致结果上出现很大的差别。很多执行者工作没有做到位，甚至相当一部分人做到了99%，就差1%，但就是这点细微的区别使他们在事业上很难取得突破和成功。

一位管理专家一针见血地指出，从手中溜走1%的不合格，到用户手中就是100%的不合格。为此，员工要自觉地由被动管理到主动工作，让规章制度成为每个职工的自觉行为，把事故苗头消灭在萌芽之中。

国内某房地产公司的老总曾回忆道："1987年，一个与我们公司合作的外资公司的工程师，为了拍项目的全景，本来在楼上就可以拍到，但他硬是徒步走了两公里爬到一座山上，连周围的景观都拍得很到位。当时我问他为什么要这么做，他只回答了一句：'回去董事会成员会向我提问，我要把这整个项目的情况告诉他们才算完成任务，不然就是工作没做到位。'"

这位工程师的个人信条就是："我要做的事情，不会让任何人操心。任何事情，只有做到100%才是合格，99分都是不合格。60分就是次品、半次品。"

因此，要想把事情做到最好，管理者心目中必须有一个很高的标准，不能是一般的标准。在决定事情之前，要进行周密的调查论证，广泛征求意见，尽量把可能发生的情况都考虑进去，以尽可能地避免出现1%的漏洞，直至达到预期效果。

生命中的大事皆由小事积累而成，没有小事的累积，也就成就不了大事。人们只有了解了这一点，才会开始关注那些以往认为无关紧要的小事，开始培养自己做事一丝不苟的美德，力争成为深具影响力的人。

做事一丝不苟，意味着对待小事和对待大事一样谨慎。生命中的许多小事都蕴含着令人不容忽视的道理，那种认为小事可以被忽略、置之不理的想法，正是我们做事不能善始善终的根源，它不仅使工作不完美，生活也不会快乐。

每一位管理者都知道一丝不苟的美德是多么难得，不良的工作作风总是会在公司四处蔓延，要想找到愿意为工作尽心尽力、一丝不苟的员工，是很困难的一件事，因为无论大事、小事都尽心尽力、善始善终的员工十分少见。

一位朋友告诉我，他的父亲告诫每个孩子：

"无论未来从事何种工作，一定要全力以赴、一丝不苟。能做到这一点，就不会为自己的前途操心。世界上到处都是散漫粗心的人，只有那些善始善终者是供不应求的。"

笔者认识许多管理者，他们多年来费尽心机地在寻找能够胜任工作的人。这些管理者所从事的业务并不需要出众的技巧，而是需要谨慎、尽职尽责地工作。他们聘请了一个又一个员工，却因为粗心、懒惰、能力不足，没有做好分内的事而频繁将这些员工解雇。与此同时，社会上众多失业者却在抱怨现行的法律、社会福利和命运对自己不公。

许多人无法培养一丝不苟的工作作风，原因在于贪图享受，好逸恶劳，背弃了对待工作应尽职尽责的原则。

一个人成功与否在于他是不是做什么都力求做到最好。成功者无论从事什么工作，他都绝对不会轻率疏忽。因此，在工作中你应该以最高的规格要求自己。能做到最好，就必须做到最好，能完成100%，就绝不只做99%。只要你把工作做得比别人更完美、更快、更准确、更专注，动用你的全部智能，就能引起他人的关注，实现你心中的愿望。

管理警句★★★

美国西点军校毕业的格兰特将军说过："细枝末节是最伤脑筋的。"是的，天下大事，必作于细。展示完善的自己很难，需要每一个细节都完美，但毁坏自己很容易，只要一个细节没有注意到，就会给你带来难以挽回的影响。

7. 在"小人物"身上花点工夫

一个管理者不能经常把眼光放在那些看起来很有作为的大人物身上。其实，你身边的"小人物"可能就会对你在某件事上有所帮助。要知道，人是最复杂的动物，你应该尽力去了解你的下属中潜藏着哪些人物，他们各有哪些才能、特长，有什么样的家庭背景、社会关系等。不要因自己一时的疏忽而耽误了大事。

不要忽视“小人物”，在他们身上不经意的投入，有可能带来意想不到的连锁反应。

也许这些人有很不一般的家庭关系，其中就有人可以直接参与对你的提拔任免，你的行为正处于别人的监控之中，“授人以柄”岂不因小失大？

也许这些人颇有才华，几年以后，其中会有人处于和你平级甚至高于你的位置，这样等于给自己树立了未来的敌人，使你后悔莫及。早知如此，何必当初？

世界是不断变化的，没有一成不变的事情。“小人物”不会甘于永远充当“小角色”，或许有一天也会变成“大人物”，多一个朋友总比多一个敌人强。或许当你消息闭塞时，会有一个你意想不到的朋友给你送来一则起死回生的消息，帮你力挽狂澜；当你仕途不顺时，会有人扶你一把；或者在你的单位进行民主评议的时候，你这个群众关系好的人所得的票数会比别人多。

下面的这则故事足以说明了这一点：

> 中山国君宴请都城里的军士，大夫司马子期在座，只有他未分到羊羹。司马子期一怒之下跑到楚国，劝说楚王攻打中山国。中山君被迫逃走，他发现，在他逃亡时有两个人拿着武器始终跟在他后面，寸步不离地保护他。中山君回头问这两个人：“你们是干什么的？”两人回答说：“我们的父亲有一次快要饿死了，你把一碗饭给他吃，救活了他，我父亲临终时嘱咐我们：‘中山君如果有难，你们一定要尽死力报答他。’所以我们决心以死来保护你。”中山君感慨地仰天而叹：“给予，不在于多少，而在于正当别人困难时你是否伸出了援助之手；怨恨，不在于深浅，而在于恰恰损害了别人的心。我因为一杯羊羹而致司马大夫逃亡国外，也因一碗饭而得到两个愿意为自己效力的勇士。”

作为管理者，一定不要轻视身边的每一个人，包括你心目中的“小人物”。不要总是时时处处表现出高人一等的样子，要知道，再有能力的人也不可能办好所有的事情，再优秀的足球运动员也不可能一个人赢得整场比赛。在经营管理中，能人的因素至关重要，每个人都会给企业带来效益。俗话说：“不走的路走三回，不用的人用三次。”说不定有一天你心目中的“小人物”会在某个关键时刻成为影响你的前程和命运的“大人物”。

让我们看看下面的故事，从中你可能会悟出一些道理。

有一家公司，行政部和财务部两个部门的经理都是大学毕业，年龄、经历相仿，而且都非常有才华。行政部门经理为人和善，善于走群众路线。在日常工作中，对下属分寸得当，恩威并施。在业务上严格要求，从不放松，但偶尔出了什么差错，他却总能为下属着想，主动承担责任，从而很得民心。每当出差，总是不忘带点小礼物、小玩意儿，给下属一个小惊喜。

而财务部经理虽然工作成绩也很不凡，但在对下属的管理上，却严厉有余，温情不足，有时甚至不通情达理，缺少人情味。曾有一位下属的老父亲得了急病，下属把老人送到医院，急急忙忙赶到工作单位迟到了几分钟。虽然这位员工平时工作勤勤恳恳、兢兢业业，从不误事，但这位经理还是对其进行了严厉的批评，并处以相当数量的罚款。弄得财务部的员工，怨声载道。

长此以往，终于各得其所，在不久的一次公司内部的人事调整中，行政部经理不但工作颇有业绩，而且口碑甚佳，更符合一个高层管理者的素质要求，被提拔为副总经理。而那位财务部经理虽说工作也干得不错，但没料到下属中有一位他从来不放在眼里的“小人物”的同学的父亲是该公司的总经理，他有失人情味的管理方式，在管理者眼里其实是不利于笼络人心，不利于留住人才，只好继续做他的部门管理者。

可见，“小人物”的力量汇在了一起，足以推翻任何一个“大人物”。作为管理者，你一定要做到以下两点：

一是不要轻易得罪“小人物”。不要与他们发生正面冲突，也不值得发生正面冲突，以免留下后患。

二是学会与“小人物”们交朋友。多一个朋友多一条路。不要用实用主义的观点去处理与“小人物”的关系，等到“有事才登三宝殿”时就晚了。

管理警句 ★★★

♛ 必要时在“小人物”身上花点精力、时间都是具有长远效益和潜在优势的。也许在不久的将来，你会得到加倍的报答。

8. 控制好自己的一言一行

人的需要、心愿和客观事物发生各种相互作用时，就产生了情绪。作为管理者，切勿让情绪左右你！

情绪是和人的追求联系在一起的。我们必须学会选择快乐、抛弃烦恼，学会控制情绪是一种必需的心理整合，是获胜的要诀之一。学会控制情绪也是获取他人赞美的因素之一。

失败了，流泪了，掏出了手绢，终于抑制了自己，同样向胜利者献上鲜花，让人看出你的潇洒、大度，别人会接受你、赞美你、认同你。

这就是控制情绪的必要性。

首先，你必须记住，不良情绪是自己最危险的敌人。

当我们在追求的过程中，受到对手或周围环境的刺激或干扰时，就会产生厌恶、气愤、抱怨等不良情绪。

当我们的追求没能如愿以偿，遭到失败时，我们可能会对自己过去的所作所为感到后悔、自责、内疚、羞愧，对自己的前途感到灰心失望、信仰破灭，而对别人产生嫉妒甚至仇恨的不良情绪。

情绪的作用是巨大的。

在追求成功的道路上，最大的危险不是来自对手，而是来自自己不良的情绪。

例如，学生在学习中，往往有几门功课比较好，但另外一两门功课比较差。

这时，学生本人、他的家长甚至包括他的教师在内，都认为是这个学生在这方面的天赋能力较差。

其实，主要问题是在于学生对这门功课的不良情绪上。

该学生一拿起这本书来，各种不良情绪先就纠结在一起，沉沉地压在心上。

学生想到即将到来的考试，紧张、焦虑、忧愁、担心、烦恼等不良情绪一齐涌上心头；想到过去的失败，则更是灰心、羞愧、内疚；而受到老师及家长的批评又感到委屈……

在这样的情绪的影响下，该学生怎么可能想出巧妙的方法来解题，又怎么可能产生好的创作灵感呢？又怎么可能对需要的东西看一眼就留下深刻而难忘的印象呢？

所以，要帮助一个学生提高学习情绪，首先要帮助他分析自己的心理力量，控制好情绪。

要改变该学生对这门课程的看法和情绪，把被动的态度改为主动的态度。否则，再花多大力气去打基础，也是事倍功半。

情绪一坏，一个人就在心理力量上被解除了武装。

别说是提高能力，就是原来已有的能力和熟练技巧也发挥不出来，甚至连饭也吃不下、觉也睡不着，正常生活都无法维持，还谈什么心理斗争、获取胜利？

在乒乓球比赛中，往往可以看到，一个国手一旦陷入这样一种境地，也会技术失常、一败涂地。

要获取胜利，就一定要学会控制自己的情绪，学会选择快乐、自信，而抛弃烦恼、自卑和仇恨。

管理者风度要求管理者要稳重大方，谨言慎行，无论遇到多大的事情也不会大惊失色，而因小事引起的心理的细微变化更不能显露在脸上。

一些管理者往往会因为下属的工作出现一点儿错误或不当就会大发雷霆，显现出怒不可遏的样子。

一些管理者会因为在家里与家人发生不愉快的事情，而把一张阴云密布的脸带到工作岗位上。

一些管理者会把工作上的一时不顺，迁怒到下属身上，这种无端的举动在他自己看来似乎还不无道理。

许多管理者在职位上，十几年甚至几十年干下去，都得不到提升，会抱怨、大发牢骚，却不想想其中的道理。

许许多多的管理者又常会招致大多数下属的反感，上司对他们也没有好感，这又是为什么呢？

其中，一个很重要的原因，可能就是管理者对自己的一言一行缺乏应有的控制，从而常会失去管理者所应该具备的冷静、理性，任凭感情所驱使。

你是否会由于丢失了自己的钱包，所以这几天来心情都非常不好呢？是不是这几天来在下属面前还没有笑过一次呢？工作效率是不是有一定程度的下降呢？

如果从诸如丢钱包一类的事上，你就会持续一段时间的低迷状态，情绪缺乏稳定性。那么，作为管理者，你又如何处理得了繁杂的大事呢？

况且，这种情绪的易波动性，极不利于你与下属处理好关系。一个因为丢了钱包而整天愁眉苦脸、长吁短叹的管理者，是很难在下属心目中树立起威信的，下属甚至会鄙视、看不起这样的管理者。如果这样，那么管理者又如何带领下属去干好各项工作呢？而且，管理者在情绪上经常出现持续的低迷状态，在这种状态下，管理者与下属之间在处理问题上、相互交谈中，就很可能会发生矛盾、分歧；原有的一些潜在的矛盾也会被激发，进而造成不良后果。

所以说管理者在工作中，不要让一些小事影响到自己而出现情绪的波动，即使是心理发生了变化，也万不可表现在脸上，影响与下属相处。

一些管理者博学多才、经验丰富，但是仿佛是命运的安排，同事、下属很少对他们尊敬、爱戴。工作上这些管理者的决策可以说是英明的，但结果却很糟糕。这样的管理者，直到退休或离职，在下属的心目中，都没有太多的好感。原因很简单，这些管理者总是在工作中感情用事，不能很好地团结下属。

如果管理者在办一些事时，总是感情战胜理智，下属会认为你是一个很幼稚、肤浅、不称职的管理者，会从心眼里看不起你。从而对你敬而远之，更谈不上和管理者建立起良好的关系了。

更有甚者，因为管理者的喜怒无常，不仅影响工作，还会招来下属的忌恨，这对管理者来说是非常不利的。

下属对管理者的不满，往往会使管理者在工作上进退两难，寸步难行，稍有大的动作就会碰得头破血流。

如果你想干好工作，至少不被上司革职，你就要做一个心胸宽广、大度、喜怒不形于色的人。

管理警句 ★★★

细节决定成败，是企业管理层非常流行的一句话。一个称职的管理者，首先要对自己的一言一行进行严格管理和约束，从细节做起。

9. 成功的沟通是从细节开始的

对于管理者来说，能有效地与下属进行沟通是非常重要的工作。任何激励授权等多项重要工作的顺利展开，无不有赖于上下沟通顺畅。

大凡生活中善于观察的人都知道，猫和狗是仇家，见面必掐。其实，阿狗阿猫们之所以为敌，是因为语言沟通上出了点问题。比较明显的是：摇尾摆臀是狗族向伙伴示好的表示，而这一套“身体语言”在猫儿们那里却是挑衅的意思；反之，猫儿们在情绪放松表示友好时，喉咙里就会发出“呼噜呼噜”的声音，而这种声音在狗听来就是想打架。结果，阿狗阿猫本来都是好意，却是猴吃麻花——满拧。但从小生活在一起的猫狗就不会发生这样的对立，原因是彼此熟悉对方的行为语言含义。所以熟悉对方语言，进行有效沟通十分重要。

一个公司经理向一个员工表示不满：“在半年前，我就宣布我们公司要进入鞋类产品市场。你难道不明白，试探零售商对我们新产品的接受程度有多重要？你不下工夫，我们怎么能完成这一工作？”

员工回答道：“我确实没有在新的鞋产品上下工夫，因为它并不是我们公司的主要产品。我把精力集中在内衣和睡衣产品上，确实不知道公司准备大规模进军鞋类市场。其实，经理你可能早就知道鞋类产品是一条重要产品线的组成部分，可这事从来没有人对我讲起过。要是知道公司将全力进军制鞋业，我自然会采取完全不同的方式。但你不能说上一句‘下点工夫’就指望我能明白你的意思。你应该把公司的整体规划告诉我。”

现在，如果公司员工不了解公司的实际情况，将会给公司带来多么大的影响。而有了这些信息，员工们就会作出决策，以使公司内部摩擦降到最低程度。比如，要是上面那个案例中的员工，知道自己每个月的销售预测都将成为决定各条生产线量的直接依据的话，他会更加谨慎，以便准确及时地作出预测。如果由于认为某个产品没有销路，从而削减了该产品的产量；但事后却因开工不足，未能向顾客及时供货，而当那个员工认识到自己糟糕的预测与怒气冲冲的顾客的电话之间的联系时，他会变得更加谨慎。要是对这些因果联系以及相关的信息一无所知，他会认为自己真正的工作是到顾客那里去推销产品，而预测工作只不过是“纸上谈兵”而已。

管理者在向下属传达信息时，要保证它的完整性。一般来说，应该向下属给出尽可能多的信息。管理者应该向下属提供与他们有关的各个经营领域的全面的信息，这对公司是最有好处的。特别是在下属自主权力不断增加的今天，如果经理们希望自己的员工能够独立地作出决策，那么让他们得到尽可能多的信息就显得非常关键了。

在一个崇尚公开的部门，信息通过各种渠道自由流通，不管是董事、经理，还是工作人员，所有人都对部门内所发生的事情了如指掌，关于公司的运作情况，包括财务状况所有人都能随时了解到。这样做的结果是，所有人都会作出真诚的反应，得到真诚的回报，并敢于对公司的事务说出自己的真实看法。敞开大门的做法并非偶然为之，管理者必须是一位真诚、平易近人者，其信念和举止能给人一种信任感，一种承诺，而这种信任感与承诺是建立公开氛围的基础。

美国玫琳·凯化妆公司的创办人玫琳·凯女士，在面对手下员工的时候，她总是设身处地地站在员工角度考虑问题，总是先如此自问：“如果我是对方，我希望得到什么样的态度和待遇。”经过这样考虑的行事结果，往往再棘手的问题都能很快地迎刃而解。

正如《圣经》所言：“你愿意他人如何待你，你就应该如何待人。”事实证明，这条不论过去、现在或将来都适用的人生准则，对于必须与员工相处的企业管理者来说，不仅是一条再完善不过的管理行为准则，也是管理上最适用的一把沟通“钥匙”。说简单一点，就是换位思考、“对等沟通”。

管理警句 ★★★

♛ 沟通是管理者用权的开路先锋，行之有效的沟通，要时刻注意交谈的细节问题。

10. 委派工作时应注意的细节

当前，管理忽视细节是不少企业的通病。如何在激烈的市场竞争中立于不败之地，是每个企业面临的重大课题。企业只有注意管理细节，在每一个细节上下足功夫，才能让员工提高工作效率。

在某种程度上讲，管理就是恰当分配。面对各个工作细节，各种不同类型的人，如何分配工作？怎样分配工作既让下属信服，又不失魅力呢？答案很简单，就是身为管理者的你一定要成为分配工作的内行，否则你将处处受阻。

分派工作就是把工作分别托付给其他人去做。这并不是把一些令人不快的工作指派给别人去做，而是下放一些权力，让别人来作出决定，或是给别人一些机会来试试像你一样做事。而有许多公司老板都不愿意放下他们原先的工作，而是把更多新的责任加在自己身上。但事实上，不卸下旧担子，又背上新的包袱，你就会被累垮的。

人事心理学认为，每一种工作都有一个能力值要求，即每项工作都需恰如其分的某种智力水平。只有这样才能使工作效率充分地发挥出来，才能避免人才浪费。因此，要按照每一位员工各自不同的才能和资质分配不同的工作，要怎么样才能把工作安排得妥当，就得看你这位管理者的细节工作的能力了。

对工作类型和工作方式，每个人都有个人的需求和喜好，这些喜好可以是环境方面的、任务方面的，也可以是关系方面的。

医生大多建议人们与他人共同工作，但是也有些人更愿意独立工作，也许与他人很少或根本没有接触，会让他的工作更出色。

尽量让任务及完成任务的方式符合个人喜好，如果不能使某项工作符合下属的需求和需要，就要考虑把该下属换到其他类型的工作上。

下属与工作搭配得越好，业绩也就越好。

每个人都有独特的知识、技能、能力、态度和才能，每个优秀的下属都是一个特殊的组合，为了最充分地利用这些资源，要允许下属按自己的喜好改变工作方式。

在设计或重新设计一项工作时，要考虑正在此岗位上工作的下属，应该充分利用每个下属的长处，以最有效的方式分配公司的各种职责。

通过分配不同的任务给团队成员，能够大大提高生产力和下属的满意程度，他们对任务安排方式，尤其是安排给自己的任务越发满意，就越有可能留下来。

一个可由单人完成的工作，如果是由两人或多人合作来完成，可以带来更多的乐趣，而且完成得更迅速，更有效率，也更有效果。

工作环境应该在空间上、职责上和心理上有利于下属共同工作，如果不是，则应作适当的调整以利于团队工作模式。

卡内基就是一个分配工作的高手，他本人对钢铁的制造、钢铁生产的工艺流程，照他自己的话说，知之甚少。但他手下有300名精兵强将在这方面都比他懂，而他仅仅只是善于把不同的工作合理分配给具有不同专长的员工来完成。这样，由于他知人善任，分配工作内行，也就笼络了许多比自己能力强的人聚集在他周围，为他效力。最终，卡内基获得了事业的成功，登上了美国钢铁大王的宝座。

在你分配一件工作之前，你应该分析一下你自己的工作担子有多重，分析一下你部门里可以利用的资源（人力、物力）有多少，分析一下你所有的可能做的选择。挑出那些你直觉上感觉不错的，逻辑上也行得通的选择来做，而且，当一项工作完成了之后找出结果来。于是，工作分配的准备工作就做好了，接着就要运用一些原则和方法来指导你进行工作。

首先要以你所希望的结果为基础分派工作，并告知员工工作的程序及步骤，让他们了解，什么是必须做的，而又应当如何做。同时，要给予充分的信息和资料。

还要制定工作评估的标准。作为员工，他需要了解你对成功地完成一件工作的标准是什么，只有这样，才能更好地完成工作任务。

一般来说，人们喜欢做那些自己做得好的事情，而不喜欢做那些令人遭受挫折或者掌握起来有困难的事情。发现员工们不喜欢做哪些事情，就会知道他们缺乏哪些技能。从而妥善地安排工作。

管理警句 ★★★

很多工作，一个人能做，另外的人也能做，只是做出来的效果不一样，往往是一些细节上的人员安排，决定着完成的质量。

11. 兵不在多而在精

一个组织，就是一个密切联系的统一体，一个系统的根本特点就是整体性。组织就如同一个健全的人，各个部门就如同人的各个器官，对于一个人来说，多余的器官是毫无用处的，同样对于一个组织来说，多余的部门和人员也是无益的。

社会上有种情况屡见不鲜，即某个官职由一人担任便足以应付，却安排了好几人。这种现象表面上看是体制问题，实际上是管理者在任人上的严重失误。不用多余的人是管理者应该严格遵守的原则，否则就会造成机构臃肿，冗员繁多，效率低下。

（1）兵不在多而在精

唐太宗李世民用人就一贯坚持“官在得人，不在员多”的原则。他多次对群臣说：“选用精明能干的官员，人数虽少，效率却很高；如果任用阿谀奉承的无能之辈，数量再多，也人浮于事。”他曾命令房玄龄调整规划30个县的行政区域，减少冗员。唐太宗还亲自监督削减中央机构，把中央文武官员由2000多人削减为643人。他还提倡让精力旺盛、精明能干的年轻官员取代体弱多病的年迈官员。通过这种方法，朝廷上下全都由能人主持，办事效率大大提高，使得政通人和，出现了繁荣昌盛的“贞观之治”。

相反，太平天国在天京（今南京）建立政权以后，洪秀全滥封王位，至天京失陷前，封王竟2700多人，造成多王并立，各自拥兵自重、争权夺利的混乱局面，从而使太平天国由盛而衰，走向败亡。

这成为管理者用人的深刻教训之一。不用余人，是保证令行禁止和高效率的重要条件。

随着市场经济的发展，“兵不在多而在精”越来越为众多管理者所重视。近年来，我国上至国务院，下至县乡机构都大刀阔斧地展开了精简机构、裁减冗员的政治体制改革。企业也不甘落后，都大力实行下岗分流的改革。这样削减了大量不必要的机构和冗员，既减轻了国家和企业的负担，又大大提高了办事效率。许多企业逐渐扭亏为盈，一些国家机关、部门也由原来的一片混乱变得井然有序。可见，“能者上，庸者下”，同时把好数量关，是做到不用余人的关键之处。

（2）人多未必好办事

中国自古以来有“众人拾柴火焰高”、“人多力量大”以及“人多好办事”等形容人多好处大的词句，但这些并非“放之四海而皆准”的真理。管理者应具体问题具体分析，不要盲目应用。尤其在用人问题上，人多未必好办事。

首先，人多了不利于统一管理。无论是企业还是机关部门都必须统一管理，才能出现高效率。而如果本该一个人办的事却安排几个人去做，就可能会有意见分歧，互不相让，甚至产生矛盾，最后分头行事或者大家都一走了之，谁也不办。人多了，各有各的看法，加上一些人可能心怀不轨，就难以统一意见，办事的效率也可想而知了。避免这种情况发生的最好办法就是管理者在任人时就不用余人。

其次，冗员繁多易形成懒散的作风，效率低下。古语说，“一个和尚挑水喝，两个和尚抬水喝，三个和尚没水喝”，无疑是人多未必好办事的生动写照。不难理解，由于一职多官，遇到事后相互推诿，都怕引火烧身，都想明哲保身，做一个好好人，效率当然上不去了。中国有句很流行的话，“一个人是条龙，两个人是条蛇，三个人是只虫”，可能就是形容这类现象吧。

最后，冗员繁多不利于人才聪明才智的发挥。由于没有集中的权力，加上相互牵制，都怕对方超过自己，一些人才的想法和看法得不到尊重，策略也无法实施，导致了人才资源的浪费。一些有才之士虽有满腹经纶却无法施展，这对公司或部门的发展都非常不利。

管理警句 ★★★

管理者在任人时要选用精兵良将，不多用一人，也不闲置一人，使人事保持相对稳定，不闲则已，闲则必责。如果在当时没有找到合适的人选，宁可让职位空缺，也不滥竽充数。

12. 指挥命令要做到“粗中有细”

在企业的人际交往中，最能体现你人际技巧的就是在你向雇员们委派任务的时候了，这里面有着很大的学问。

管理者向员工委派任务所使用的技巧，其目的当然是让他们能够顺利完成任务了。这需要你对任务本身的深刻认识与了解，确保任务内容的明确、清楚。这些都是你委派前的必备工作，当你的人际接触具体地发生时，你除了工作的内容说得清楚、有条理以外，还要就不同类型的雇员加以一定的引导，帮助他们建立起完成任务的信心与责任感。

对于那种好胜而自负、进取心极强的雇员，在委派了任务之后，你最好是用一句最简洁的话触动一下他那根“好战”的神经。你可以说：“这个任务对你来说有困难吗？”在得到他带有轻蔑口吻的回答之后，你便可以收场了。你太多的叮咛只会引起他的不耐烦，而且还会使他对任务的执行更加不屑一顾。

那些做事缺乏信心，不够大胆的员工应该是你特别关照的对象，在详细地说明了工作任务之后，你必须要重重拍拍他的肩膀，让他的精神状态振作起来，然后对他说：“这个任务，以你的实力来看，算不了什么，努力去做吧，你一定会给我们一个惊喜的。”话说完，要迅速地给他一个拥抱，再重重拍击他的背部，这种鼓励是非常有必要的，员工们会想：只要我加倍努力，必有所得，哪怕失败了，我还有一个大集体在支持着我呢？

谁都不愿意与唯利是图的人打交道，但在一家企业中，讲求实惠的员工是大有人在的，他们很可能关心的并不是任务本身，而在于任务背后的物质利益，对待这样的雇员，对任务内容你可以适当地轻描淡写，但也一定要让他清楚地意识到出色地完成任务是论及其他东西的前提。在你向他传达完了任务的主旨之后，就进入了他所关心的阶段。保持神秘感只有让他丧失对工作的兴趣，不妨就向他挑明完成任务之后能带来的丰厚物质利益。最好，在完成任务的过程中，再增设一定的物质刺激，并在委派之时，向他说明出色完成意味着什么。这显然有助于激励他更好地完成任务！

也许年长的雇员在你的企业里不多见，他们由于岁数偏大、精力有限，在企业中的地位江河日下，在向他们委派任务之时，就要特别尊重他们的感情，体谅他们的难处。

保持谦虚的态度，是你与年岁高于你的人成功交往的关键，清楚仔细地说明任务的每个细节，并及时向他询问任务执行的可行性，以及他们的难处，这样会使你在委派任务的同时又获得许多经验。

在委派结束之时，要亲切地对他说：“这个任务的完成最需要的就是您的丰富经验与聪明才智，如果在其他方面有什么问题或意见，希望您能及时地帮我们指出，我们会立刻解决的。”

你的几句谦逊、嘘寒问暖的话语，会让这些年老雇员的心得以足够慰藉，也许还会焕发出年轻时的干劲与热情。

人最大的乐趣就在做他们最想做的事。对于那些本身对所委派的工作就抱有极大兴趣的员工来说，任务就是爱好，是他们乐而忘返、得到极大满足的事物，他们的创造力会在任务的完成过程得以极大地发挥。

你对这样的员工肯定是很欣赏的。对他们你也许不必将任务说得太细，因为他们或许会问得你都招架不住！任务解释清楚之后，你只需谦虚地说一句：“对这种工作，你是专家，全看你的了。”留给他充分的时间与空间去展示他们个人的创造才能！

管理警句 ★★★

♛ 发布命令要懂得一些技巧才行，因为到处是命令，等于没有命令。只有最恰当的命令，最正确的命令，才是最有效的命令。你掌握了下面的技巧，你的命令就会“不令而行”了。

趣味测试：

细心程度测试

注意：每题只能选择一个答案，应为你第一印象的答案，把相应答案的分值加在一起即为你的得分。

1. 你更喜欢吃哪种水果？

A. 草莓2分 B. 苹果3分 C. 西瓜5分 D. 菠萝10分 E. 橘子15分

2. 你平时休闲经常去的地方？

A. 郊外2分 B. 电影院3分 C. 公园5分 D. 商场10分 E. 酒吧15分 F. 练歌房20分

3. 你认为容易吸引你的人是？

A. 有才气的人2分 B. 依赖你的人3分 C. 优雅的人5分 D. 善良的人10分 E. 性情豪爽的人15分

4. 如果你可以成为一种动物，你希望自己是哪种？

A. 猫2分 B. 马3分 C. 大象5分 D. 猴子10分 E. 狗15分 F. 狮子20分

5. 天气很热，你更愿意选择什么方式解暑？

A. 游泳5分 B. 喝冷饮10分 C. 开空调15分

6. 如果必须与一个你讨厌的动物或昆虫在一起生活，你能容忍哪一个？

A. 蛇2分 B. 猪5分 C. 老鼠10分 D. 苍蝇15分

7. 你喜欢看哪类电影、电视剧？

A. 悬疑推理类2分 B. 童话神话类3分 C. 自然科学类5分

D. 伦理道德类 10 分　E. 战争枪战类 15 分

8. 以下哪个是你身边必带的物品？

A. 打火机 2 分　B. 口红 2 分　C. 记事本 3 分　D. 纸巾 5 分　E. 手机 10 分

9. 你出行时喜欢使用什么交通工具？

A. 火车 2 分　B. 自行车 3 分　C. 汽车 5 分　D. 飞机 10 分　E. 步行 15 分

10. 以下颜色你更喜欢哪种？

A. 紫 2 分　B. 黑 3 分　C. 蓝 5 分　D. 白 8 分　E. 黄 12 分　F. 红 15 分

11. 下列运动中挑选一个你最喜欢的（不一定擅长）？

A. 瑜伽 2 分　B. 自行车 3 分　C. 乒乓球 5 分　D. 拳击 8 分　E. 足球 10　F. 蹦极 15 分

12. 如果你拥有一座别墅，你认为它应当建立在哪里？

A. 湖边 2 分　B. 草原 3 分　C. 海边 5 分　D. 森林 10 分　E. 城中区 15 分

13. 你更喜欢以下哪种天气现象？

A. 雪 2 分　B. 风 3 分　C. 雨 5 分　D. 雾 10 分　E. 雷电 15 分

14. 你希望自己的窗口在一座 30 层大楼的第几层？

A. 七层 2 分　B. 一层 3 分　C. 二十三层 5 分　D. 十八层 10 分　E. 三十层 15 分

15. 你认为自己更喜欢在以下哪一个城市中生活？

A. 丽江 1 分　B. 拉萨 3 分　C. 昆明 5 分　D. 西安 8 分　E. 杭州 10 分　F. 北京 15 分

参考答案：

180 分及以上：意志力强，头脑冷静，有较强的领导欲，事业心强，不达目的不罢休。外表和善，内心自傲，对有利于自己的人际关系比较看重，有时显得性格急躁，咄咄逼人，得理不饶人，不利于自己时顽强抗争，不轻易认输。思维理性，对爱情和婚姻的看法很现实，对金钱的欲望一般。140～179分：聪明，性格活泼，人缘好，善于交朋友，心机较深。事业心强，渴望成功。思维较理性，崇尚爱情，但当爱情与婚姻发生冲突时会选择有利于自己的婚姻。金钱欲望强烈。100～139分：爱幻想，思维较感性，以是否与自己投缘为标准来选择朋友。性格显得较孤傲，有时较急躁，有时优柔寡断。事业心较强，喜欢有创造性的工作，不喜欢按常规办事。性格倔强，言语犀利，不善于妥协。崇尚浪漫的爱情，但想法往往不切合实际。金钱欲望一般。70～99分：好奇心强，喜欢冒险，人缘较好。事业心一般，对待工作，随遇而安，善于妥协。善于发现有趣的事情，但耐心较差，敢于冒险，但有时较胆小。渴望浪漫的爱情，但对婚姻的要求比较现实。不善理财。40～69分：性情温良，重友谊，性格踏实稳重，但有时也比较狡黠。事业心一般，对本职工作能认真对待，但对自己专业以外的事物没有太大兴趣，喜欢有规律的工作和生活，不喜欢冒险，家庭观念强，比较善于理财。40分以下：散漫，爱玩，富于幻想。聪明机灵，待人热情，爱交朋友，但对朋友没有严格的选择标准。事业心较差，更善于享受生活，意志力和耐心都较差，我行我素。有较好的异性缘，但对爱情不够坚持、认真，容易妥协。没有财产观念。

·第六章·

管理者如何提升自己的能力

ZHUOYUE GUANLIZHE SUZHI XIULIAN

你所处的职位并不意味着你有权力去命令别人。它却意味着你有责任去指导你的下属，而你的下属也欣然接受你的指导。

——约翰·阿尔代（管理学专家）

1. 管理者必须是有效的沟通者

管理者，既要注重第一印象的作用，同时也要对被管理者进行深入的了解，因为管理者必须通过他人才能完成工作任务，切不可因第一印象不佳而对其人表现出任何形式的不礼貌，否则将影响你今后与他的关系。要记住，你是一个管理者，与下属的关系至关重要，切不可凭第一印象对下属的去留或工作安排作出轻率的决定。如果是那样的话，你很可能会放过一个有才华的人，或者更糟糕的是，你也许会把一个庸才安排在举足轻重的位置上。因此，管理者必须有能力来启发、鼓舞和带领、指导并且聆听他人。唯独通过沟通，管理者才能使人们将他的目标内化，并付诸实行。

你觉得自己的沟通能力如何？沟通是你经常性的要务吗？你能够为启发人、鼓舞人采取行动吗？当你传递心中的想法时，你的听众能够听懂、接受并且实行吗？当你一对一与人谈话，或是对员工们说话时，你能够立刻产生共鸣吗？如果你心中知道自己的目标是正确的，然而人们却不能认同，那么障碍或许就在于你缺少有效的沟通能力。

古时候，有一个妇人，特别喜欢为一些琐碎的小事生气。她也知道自己这样不好，便去求一位高僧为自己谈禅说道，开阔心胸。

高僧听了她的讲述，一言不发地把她领到一座禅房中，落锁而去。

妇人气得跳脚大骂。骂了许久，高僧也不理会。妇人又开始哀求，高僧仍置若罔闻。妇人终于沉默了。高僧来到门外，问她："你还生气吗？"

妇人说："我只为我自己生气，我怎么会到这地方来受这份罪。"

"连自己都不原谅的人怎么能心如止水？"高僧拂袖而去。

过了一会儿，高僧又问她："还生气吗？"

"不生气了。"妇人说。

"为什么？"

"气也没有办法呀。"

"你的气并未消逝，还压在心里，爆发后将会更加剧烈。"高僧又离开了。

高僧第三次来到门前，妇人告诉他："我不生气了，因为不值得气。"

"还知道值不值得，可见心中还有衡量，还是有气根。"高僧笑道。

当高僧的身影迎着夕阳立在门外时，妇人问高僧："大师，什么是气？"

高僧将手中的茶水倾洒于地。妇人视之良久，顿悟。叩谢而去。

在职场工作中，沟通是一件很重要的事。不管是对上司、下属、同事、客户，都需要良好的沟通技巧。然而，在职场中，难免会碰到许多不如意的事情，也会遭遇挫折。这时我们需要做自我沟通，自我心情的调节，或者自我不断地激励。

俗话说得好："酒逢知己千杯少，话不投机半句多。"说话不当，不但会妨碍沟通的成效，而且还会带来很多麻烦。尤其作为管理者，更需要善用沟通技巧。

有效的沟通者知道把注意力放在沟通的对象上。他们深知，若不先了解听众，绝不可能有效地达成沟通。当你在与人沟通时，无论是对一个人或一万人，都先问问自己这个问题：我的听众是什么样的人？他们可能有哪些疑问？我想达成什么目标？我有多少时间？如果想成为更理想的沟通者，你必须是听众导向型的人才行。人们之所以对杰出的沟通者很感兴趣，是因为杰出的沟通者首先对听众产生兴趣。

松下集团认为，高明的人在于懂得欣赏别人的所作所为，而不是去挑剔他。对下属的业绩，最少也应抱着四分怀疑、六分认可的态度去观察评价，这才是懂得欣赏下属的优秀管理者。每个人都有优点和缺点。世上不会有十全十美的人，但更主要的是也不会有一无是处的人。所以，作为管理者观察自己的下属时，会发现形形色色的各式人物，而且他们有着各自的优缺点：我们只有提高自身的沟通水平，才能在社交场所做到左右逢源，应对自如。

当你与他人沟通时，千万别忘了沟通的目的是为了促成行动。如果你只是把大量的信息传递出去，那并不是沟通；真正有效的沟通是要让他有所感动、有所牢记，并且有所行动。如果能够做到这点，你的管理能力就会逐步迈向新的台阶。

管理警句 ★★★

一条是沟通能力，另一条是管理能力，作为一个优秀的管理者，你每天需要做三四个演讲。

2. 短时间内创造惊人的价值

对管理者而言，在工作中如何指挥别人是关键。而如何使自己的工作变得有效，才是指挥的前提。由于惰性的作用和害怕冒险心理的影响，人们习惯于按熟悉的、稳妥的方式行事，这很容易形成思维定式，使思想变得僵化，因循守旧。思维定式是创造力的大忌。作为管理者，应该不断从习惯思维中跳出，求新求异。

一种管理观念的新旧，往往给人以迥然不同的形象。在人们的印象中，以往的管理者是那些穿长袍马褂、戴瓜皮小帽的，而现在的管理者则是穿着运动服在操场上健步如飞的形象。

一本名为《高效能人士的七个习惯》的书使“效能”一词为人们所重视。在此之前人们常常挂在嘴边的“效率”一词似乎退居了二线：其实“效能”一词本身有“效率”的含义，但“效率”一词的含义是“正确地做事”，而“效能”却是“做正确的事”。

管理者如果不善于管理自己，使自己的工作有效，就不可能很好地指挥和管理下属。企业里的传统、文化、制度、行为和风貌，以及效率与业绩，都要通过管理者自身的效能来实现和表达。

一个管理者工作效能的高低，首先取决于其确定的目标方向是否正确。如果方向目标正确，那么工作效率越高，效能也会越高。如果方向目标错了，是个负数，那么工作效率越高，效能的负数也就越大。

目前企业组织里的一般情况是：效能是一个组织中的知识工作者的特殊技能。但是，真正具备这种特殊技能的知识者却为数很少。然而，今天企业组织里又多由庞大的知识工作者构成。这就是一个非常有意思的问题：为什么由知识工作者构成的组织，甚至有的还在实践“学习型组织”，而组织效能却非常不容乐观？

什么叫效能？只有组织内部的人对组织作出贡献时，他们的工作才算有效。贡献越大，效能越强。对一个企业来说，那些对企业作出贡献的人，把他们放在需要担负责任并能作出决策和具有职权的岗位上，他们就是管理者。反之，我们所见到的许多管理者却只不过是别人的上司而已，他们对组织的经营能力并不产生重大的影响：这样的企业又怎能有“效能”可谈呢？

企业里的管理者不仅要讲效能，还要充满活力。有人将有活力的管理者比喻成领头雁，既充满活力，又颇具王者之风。

敏捷而有效率地工作，就要善于安排工作的次序，分配时间和选择要点。要注意这种分配不可过于细密琐碎。善于选择要点就意味着节约时间，而不得要领的瞎忙却等于乱放空炮。富有效率的管理者，做事常可分为三步——筹备、审议、执行。为了提高工作效率，审议时博采众论、集思广益是必要的，但筹备和执行的人手却应当尽可能地少而精。

在把一件计划交付审议之前，先准备一个草案也能有助于提高效率。即使这一草案在审议中完全被推翻，这也意味着事情获得了进展，因为这就否定了不合理的方案。

对于饱经世事的人，自称无所畏者是轻率可笑的。其实，既然荒唐就是不好的品格，那么对于无所顾忌的狂妄者，总是很少能避免荒唐的。最可笑的事无过于一个吹牛皮的狂人被拆穿了。因为这种人不懂得，不管说话还是做事，都要留有余地。这种狂人办事，就好比下棋陷入僵局，即使不分输赢，也使得这一局棋无法再走下去了。我们要时时注意，隐藏在暗中的危险与困难。因此，勇气不利于思考，但却有利于实干。因为在思考时必须预见到危险，而在实干中却必须不顾及危险，除非那危险是毁灭性的。所以，对于有勇无谋的人，只能让他们做帮手，而绝不能当管理者。

作为一个有效的管理者，必须进行五种基本的“修炼”：

第一，高效能的管理者应该懂得，把他们的时间花在什么地方。

第二，高效能的管理者要重视外在的贡献。他们不是为工作而工作，而是为成效而奋斗。

第三，高效能的管理者要依靠各种长处，包括自己的长处、上司的长处、同事的长处和下级的长处以及所处环境的长处。也就是说决不能依靠他们的短处。

第四，高效能的管理者的精力要集中于少数主要的领域，这方面做出了良好的成绩就能产生成果。千万不要胡子眉毛一把抓，更不要做“万金油”，“自己什么都会”。

第五，高效能的管理者必须作有效的决策，即在正确的程序中采取正确的步骤。这是很重要的。

管理警句

有效的管理者知道，如果要管理自己的时间，首先应该了解自己的时间实际上是耗用在什么地方。

3. 知人之短，观人之长

一名出色的管理者，一定要识人之长，然后用人之长，这样既实现了下属的个人价值，又促进企业的不断发展，这是管理者必备的素质。

俗话说："天生我材必有用。"每个人都有可取之处，因此，作为管理者，必须多看下属的长处，尽量少见其短处，以七八分精力来挖掘下属优点，用两三分精力注意下属缺点，这是用人重要的原则，也是做一名成功管理者必备的技术。

"用人如用器"，即用其长，避其短。对待不同的下属、不同的条件，要区别对待，充分发挥他们的优势。

孟子说："国君选拔贤人，如果迫不得已要用新人，就要把卑贱者提拔到尊贵者之上，把疏远的人提拔在亲近的人之上，对这种事能不慎重吗？因此，左右亲近之人都说某人好，不可轻信；众位大夫都说某人好，也不可轻信；全国的人都说某人好，然后去了解；发现他真有才干，再任用他。左右亲近的人都说某人不好，不要听信；众位大夫都说某人不好，也不要听信；全国的人都说某人不好，然后去了解；发现他真不好，再罢免他。左右亲近的人都说某人可杀，不要听信；众位大夫都说某人可杀，也不要听信；全国的人都说某人可杀，然后去了解；发现他该杀，再杀他。这样，才可以做百姓的父母。”所以古人认为对下属的才能要能够体察而使用，这是强国利民的关键。

西汉著名将领李广的众多家臣中，有一个人经常哭丧着脸，令人生厌。一次，其他家臣向李广打小报告说：那个人的脸长得真不吉祥，令人看了就不舒服，您用他实在不体面，会闹笑话出事的，不如早点把他辞了算了。而李广将军却说：“你们说得有道理。但没有比他合适的发丧使者，是不是？”众人点头称是。李将军接着说：“记住，每个人都有可取之处，用人要用各式各样的人才是。”

可见，作为一名管理者，同样要用人之长，使其各尽所能，这样公司才能蒸蒸日上，不断壮大。

许多管理者常常感叹人才不足，总是“人到用时方恨少”。然而，世间人那么多，人才都到哪里去了呢？为什么老是会发现别的企业或别人手下的人才比你的人才多呢？你曾经静下心来，思考过这个问题吗？你的答案是什么？是你遗漏人才了吗？

唐朝贞观二年，唐太宗对右仆射封德彝说：“使国家安定，最根本的问题是选贤任能。近来，我命你推举贤才，但一直没有看见你有所推荐。治理国家的任务很繁重，你应为我分忧。你一个人也不举荐，我将来依靠谁做左右手呢？”

封德彝回答说：“臣虽愚昧，哪敢不为陛下尽心呢？但是我一直没有发现谁有奇才异能。”

“以前圣明之君，使用人才就像使用器物一样，都是晋级使用当时的人才。”唐太宗说，“难道我们一定要等到做梦，遇见吕尚这样的贤臣，然后才去治理朝政吗？况且哪一个朝代没有贤才？只怕被遗漏而不知道罢了。”

封德彝被说得满面羞愧，退了下去。

唐太宗说的圣明之君，使用人才就如同器物一样。言下之意是什么？就是人才如同器物，各有其优缺点。用人如用器物，只用长处不用短处。

对待不同的下属、不同的条件，要区别对待，充分发挥他们的优势。

管理者提拔人才应当不拘一格，不能因为一个人有这样或那样的缺点就将其忽略，打入冷宫或束之高阁。是金子就该让它发光，是人才就该人尽其用。这是最起码的用人原则。

在现实生活中没有缺点的人是不存在的。所以，管理者过于苛刻地要求别人，任何人永远都不可能使你满意，你也就可能和所有的人都合不来。这样，既会伤害别人，也将使自己和周围的同事处不好关系，这是一大问题。

一个曾受到大家诽谤、别人都认为是不可救药的人，经过你的仔细考察，发现事实并非如此，其实这个人很有才华。这时候，你就应该大胆地将这位下属提升起来。

对于曾经犯下错误的下属，管理者要用辩证的观点去看待他，发现这位下属的可贵之处，经过一段时间的培养，把他提拔到一个新的岗位上来。

对于一个相貌丑陋、身材矮小的下属，你并不是以貌取人，而应该考虑到他的真才实学，把他从众人之中选拔出来。

对人求全责备，还与不善于观人之长有很大关系。有的人看问题不全面，观人唯观其短，不观其长，或者是善观人短，不善观人长。这就可能只见树木，不见森林，只知其一，不知其二。

做到以上这些，才能使你的管理工作顺利开展，你的管理者威信才能逐步建立。虽然你提拔的人才一时还不能做得令大家满意，但你不必太着急，是金子，终归有一天会发光的，这只是迟早的事情。关键是你提拔的下属是不是真正的金子，正确有效地提拔下属，能很好地证明一位管理者所具有的用人素质。

纵观历史，许多政治家和思想家，都明白此理，因此总是知人其短、观人其长的。

明太祖朱元璋在白虎殿论治时，讲了三种人可称为“忠贤之士”，除了“上等之贤”比较“全面”，其“中等之贤”标准是：“博习古人之言，深知已成之事，其心虽忠于辅国，而胸中无机变之才，是古非今，胶柱鼓瑟，而强人君以难行之事。然观其本情忠鲠，亦可谓端人正士矣。屡遭斥辱，其志不怠，此亦忠于为国。”这里面，就包含有不少缺点、弱点。而“下等之贤”毛病就更多了，这些人虽然饱读经书，但是拘泥于古人的做法，不了解时事之变迁，每次上朝，都高谈阔论，自以为是在进谏，却连什么应该在先、什么应该在后，什么可行、什么不可行都不知道。

让他们谋划事情，他们自以为应当实行的却并不切合实际情况。皇帝听从他们的建议，他们就自以为是；不听他们的建议，就说皇帝不纳谏。这种人既无利于国家，还白白使皇帝背上了拒谏的名声。其实这种人心里并没有其他的想法，只是不明白时事的变迁更换而已。你看，连这样不明不智的人，朱元璋仍能称之为“贤才”也要任用，只是因为看到了他们“亦忠于国”、“心亦无他”，这也算是可取之处。

如果下属能从管理者用人态度上感到你办事的公平合理和严格，那么，你就会受到下属的信任，你的管理者地位才能更稳固。

管理警句★★★

任何一个人的任何一点成就，都是从勤学、勤思、勤问中得来的。

4. 让下属把不愿意变为愿意

为了一种对自己、对别人、对集体、对事业的责任，人们有时候必须认真地对待那些不愿意做的事情，而且还要想方设法把它们做好。

曾有一位著名的田径教练，每当逮住运动员便苦口婆心地劝他们把头发理短。据说，他所持的理由是：问题的关键并不在于头发的长短，而在于他们是否服从教练。

人的性情不同、志趣不同，对待眼前的事情的态度就不同。譬如善于独立工作的人，可能就不愿意去管理别人。管理者在用人的时候就要考虑根据每个人的不同特点，再安排他适合的工作，但是事实上每个管理者都不可能完完全全地“人尽其才”。在这种现实情况下，如何要求并教会你的下属甚至自己去做好自己不愿意做的事情就变得十分重要。

对于下属无条件地服从，与“洗脑教育”颇有异曲同工之妙。所谓“洗脑”不外乎只教一条规则，并且持续数个小时以上。当事者即使心存反感，然而此种训练方式足可以使他们丧失思考能力，于是只好来者不拒，照单全收。

人们不愿意做的通常是那些自己认为不擅长的事，所以心里发憷。在很多情况下，这是人们对自己认识的误区。如果作为上级和旁观者的管理者认为他们并不是不能把这些事情做好，就应该鼓励他们去做，甚至有时候命令他们去做。一旦做得成功，他就会增强信心，在将来的工作中可能就不会再胆怯了。

在企业工作的人员，也同样是由一种命令系统所组成的。

例如在一个团体中，若下属不能无条件地服从上司的命令，那么在达成共同目标时，则可能产生障碍。反之，如能完全发挥命令系统的机能，此团体在企业中凡事必可胜人一筹。

如此分析，并非意指要将新进公司的员工以军队方式加以训练。而是指由于新进人员在初期对公司的确完全陌生，因此可能对上司的教导产生反感和疑问。为了防止此种现象，并能有效地实施教导，不妨让他们遵守唯一一条不成文的规定。

例如，“新进人员必须在上班前30分钟到达”，或“新进人员在进入公司一年之内，必须身着蓝色制服”。如此一来，就可使下属形成接受上司命令的风气。

要让员工知道，“硬着头皮、咬着牙”把从心里不愿意做的事情做得漂亮，将会比做好自己擅长的事情有大得多的收获。

为了一种对自己、对别人、对集体、对事业的责任，人们有时候必须认真地对待那些不愿意做的事情，而且还要想方设法把它们做好。每个人都要主动去适应环境和社会，而不是要求环境和社会去适应自己。

企业里许多的问题发生皆源于此。人们对自己不愿意做的事情通常会采取消极的态度，要么不去做，要么推诿拖拉，敷衍了事。无论哪一种情况都会给工作带来损失。对这个问题的预防办法除了上述的教育之外，管理者要做的事情是对自己的下属的性格和习惯应该有充分了解，明了他对什么样的事情会去积极处理，而哪些事情他根本不愿意做。对于那些他不愿意做的事，要督促他、观察他甚至有时候帮助他。让他知道这件事是非做不可的，做得好对工作和他自身都是有益的。

但是管理者也必须明白，如果在某个位置上的人对他的工作有一多半的事情都不愿意做，就要考虑这个人是否适合这样的位置。经过交谈可以考虑给他换一个更合适的位置，或者干脆劝他改行。

其实管理者每天要处理很多的事情，几乎所有需要处理的事都是难事，都是下属们不能处理或者很难处理的事，这些难事对管理者来说也未必容易。但是因为你是管理者，你就必须硬着头皮去做，以身作则。俗话说得好：有什么样的管理者就有什么样的员工。

我们一般总愿意去做自己最为熟悉的事，而不愿为自己不熟悉或为使自己不愉快的事去冒险。但作为管理者，你必须去做某些你不愿去做的事。

管理警句★★★

管理者是教师，能不断帮助人们看清事实，促进每个人学习。

5. 不要用钱来征服下属

高工资表面上看起来是一种好的激励方式，但绝不是一种最好的激励方式。金钱犹如吗啡，兴奋来得快，消失得也快。

现实生活中，员工与管理者均倾向于注重物质报酬，因为物质报酬比较容易定性、衡量和在不同个人、工种和组织之间的比较。相反，非物质报酬是难以进行清晰的定义、讨论、比较或谈判的。

管理者赞扬下属是为了更好地调动其积极性、激发员工的工作热情和干劲，光说一些漂亮话是不够的。配合实际行动，不失时机地显示你的关心和体贴，无疑是对下属的最高赞赏，这种方法可以在下列场合中收到最好的效果。

管理者在工作中以情动人，用真诚去感化人，不但能够使管理者得到一颗心，更重要的是在旁观者看来，会觉得管理者度量宽广，有人情味，自然会对你产生敬意，也就会对你产生几分信赖，从而为你用心出力，帮助你成就事业。

诚然，工资的高低不仅在物质上给员工提供了不同的生活水准，而且还在某种程度上体现了一个人的价值究竟有多大。这样，工资高低已成为许多人择业时考虑的一个重要因素。同时，许多企业为了保住与吸引人才，不惜血本，为其提供很高的工资。他们认为只有高工资才能吸引人才，才能激励员工的工作热情。但是高工资就像一把双刃剑，若实行得当，企业将获益；反之，企业将陷入困境，因为实行高工资自身仍存在不少不利的方面。

首先，高工资增加了企业人力成本，这些成本最终会转移到产品价格中去。这就会造成该企业产品在同类产品中价格较高，导致竞争力下降。

如果企业一开始便确定了较高的工资标准，那么工资涨幅空间将非常有限。当员工看不到工资有较高的增长，低于其他类似企业的工资增长，员工的干劲将会不足，并可能引起不满。这样高工资的激励作用将大打折扣。

一般人认为，上级对下级、管理者对下属，大多是命令与被命令、指派与被指派的关系，在工作中很少有人情味。正因为如此，动之以情才是管理者的一种工作方法。

现代人都有祝贺生日的习惯，生日这一天，一般都是家人或知心朋友在一起庆祝，聪明的管理者则会“见缝插针”，使自己成为庆祝的一员。有些管理者惯用此招，每次都能给下属留下难忘的印象。或许下属当时体味不出来，而一旦换了管理者有了差异，他便自然而然地会想到你。

给下属庆祝生日，可以发点奖金、买个蛋糕请顿饭，甚至送一束花，效果都很好，趁机说上几句赞扬和助兴的话，更能起到锦上添花的效果。

日本著名企业家稻山嘉宽在回答“工作的报酬是什么”时指出：“工作的报酬就是工作本身!”深刻地指出内在激励的重要性。特别在解决了温饱问题之后，员工更关注工作本身是否具有吸引力，在工作中是否有无穷的乐趣，在工作中是否会感受到生活的意义；工作是否具有创造、挑战性，工作内容是否丰富多彩、引人入胜；在工作中能否取得成就、获得自尊，实现自我价值等。

心理学研究表明，人们的工作热情不可避免地存在一定的周期性。当下属情绪处于低谷时，如何尽快使他摆脱阴暗抑郁的日子，重新焕发出工作热情是管理者必须随时关注的问题，而此时最有力的法宝就是适宜的激励！

一位普通的下属住院了，管理者亲自去探望时，说出了心里话："平时你在的时候感觉不出来你作了多少贡献，现在没有你在岗位上，就感觉工作没了头绪、慌了手脚。安心把病养好！"

有的管理者就不重视探望下属，其实下属此时是"身在曹营心在汉"，虽然住在医院里，却惦记着管理者是否会来看望自己，如果管理者不来，对他来讲简直是不亚于一次打击，不免会犯嘀咕："平时我干了好事他只会没心没肺地假装表扬一番，现在我死了他也不会放在心上，真是卸磨杀驴，没良心的家伙！"

对下属来说，最骄傲的一点无非是他的成绩得到了精神上或物质上的承认。而当他偶尔不称职时，通过激励让他恢复到过去的种种辉煌中去，是一种美妙的感觉。

有这么一个小故事：

甲与乙参加赶驴比赛。比赛的规则十分简单：不管用什么手段，只要能以较短的时间将驴子由牧场一端赶到另一端，就算赢了比赛。

甲站在驴子背后，用一只脚踢驴子的臀部，驴子因为痛，所以当甲踢一下，它就向前走一步，甲不踢，它就停下来不走，结果甲颇费周折，花了一个多钟头才把驴子踢到终点。

而乙则骑在驴背上，手中拿着一个竹竿，竹竿尽头挂着一个红萝卜，这样红萝卜刚好垂在驴子眼前不远的地方，驴子因想吃到萝卜，所以拼命往前追赶，结果乙只花了十多分钟就把驴子赶到了终点。

我们不妨将上面故事中的甲与乙比喻成管理者，把驴子比喻成下属，并且把比赛终点比喻成组织追求的目标。一般而言，管理者为了实现组织托付的目标，都必须倚重于下属的努力。基于此，有些管理者会像甲那样以高压手段来驱使下属，而有些管理者则会像乙那样将满足职工的需要作为手段来促使下属朝组织的目标前进。

只为了小小的赞美，人便突然变成了完美主义者，努力超越平常的表现。遇到自己的下属表现不佳时，管理者一定要控制住自己的情绪，千万不要粗暴简单地处理，而是多多想一下有关激励的处方，找到最佳的激励方式。

管理警句 ★★★

人事管理的实质是，通过教育把每个人的干劲儿调动起来。人事管理的关键，在于通过教育使人明白事理。

6. 批评就像刮胡子

善于批评人的管理者，能够让人高高兴兴地接受批评，而善于接受批评的下属，则能使批评者感到他的诚意。通过批评和被批评，管理者与下属之间的关系将会变得越来越密切。

任何一个人都不会只有短处、缺点、错误而没有长处、优点、成绩。在批评之前先对他的优点和成绩进行表扬和肯定，然后再指出他的缺点和错误。

当管理者的恐怕没有不批评下级的。批评的原因是下属犯了错误，至少是管理者认为下属犯了错误。批评的目的当然是让他改正，以后不再犯同样或类似的错误。

管理者如何批评下属，也要讲究一定的艺术。

在指出别人的错误之前，先检讨一下自身的不足，并坦率地指出自己也并非尽善尽美。那样，别人也比较容易接受你的批评。

比如，一位年龄稍长的管理者在批评比自己年轻的下属所犯的错误时，可以这样试试："小马，你犯了一个错误，不过我以前也常犯这类错误。人们对事物的判断力不是生来就有的，那是多年经验积累的结果。依我的经验，假如你这么做的话，结果会更好些。"如果你试着这样去批评别人，一定会有不一样的结果。当然你也可以用建议的方法，使别人认识并改正自己的错误。还要注意的是，在批评别人时，一定要对事不对人，不进行人身攻击，只就他所做的事进行评论，使他的自信心免受刺激，尊严免受伤害。

我们应该清楚，批评所引起的怒气只会减少下属的热情，而被批评者的错误却很少因此而改正。

一般情况下，下属在一些场合出现失误或过错，如果不公开批评就能提醒他改正错误，那么，最好不要当场揭穿，装作不知道，以保全下属的脸面，过后再找适当机会，心平气和地进行批评，效果会更好。这样下属会体验到管理者对他的爱护和体贴。

反之，下属会觉得管理者是故意和他过不去，是有意在大庭广众面前让他难堪，影响他在公众面前的形象，势必让下属产生抵触情绪，甚至增加心理负担，影响工作积极性。

心理学研究表明：作为人的七情之一的怒，往往能使肾上腺及其他主要的内分泌腺产生激素，使人体机能产生明显的变化，声音明显提高，心脏跳动快而剧烈。在这种情况下，因怒而产生的理智丧失，往往令人"一失足成千古恨"。

《三国演义》第十四回：张飞被刘备任命为镇守徐州的将领后，一天设宴款待百官，要求众人皆饮。说罢，就与众官把盏，酒至曹豹前。曹豹说："我从天戒，不饮酒。"张飞强迫他饮了一杯。一轮下去之后，张飞大醉，却又给众官把盏，这次曹豹再三不饮，张飞大怒，让军士打他一百杖。众人劝告无效，曹豹搬出自己的女婿吕布，让他看在吕布的面子上饶他一次，谁知张飞大怒说："我本不欲打你，你用吕布来吓唬我，我偏要打你！我打你，便是打吕布！"众人劝阻不住，将曹豹打了五十下才肯罢休。

席散之后，曹豹深恨张飞，星夜派人去小沛见吕布，要吕布夜袭徐州。吕布从之，率兵与曹豹里应外合，取下徐州。刘备好不容易才得到的一座城池就这样白白地丢失了，刘、关、张三人又开始了寄人篱下的生活。

张飞的行为，在我们日常生活中也不乏其例。有的管理者为了维护自己所谓的领导尊严，当下级辩解时，便大发雷霆，说什么"目无领导"了，"无视组织纪律"了。这样下来的结果，不仅无助于维护领导尊严的，反而会引起下属的抵触情绪，让下属产生逆反心理甚至公开对抗。

人都有自尊心，管理者要尽量不在公开场合当众批评下属，更不要当众让犯错误的下属下不了台，以免产生抵触心理。当然我们不是要管理者都来掩盖下属的过错不予追究，而是说批评下属要注意场合，把握时机。

春秋时期，楚庄王平定叛乱后，宴请文武大臣。席间，庄王命爱姬许姬敬酒助兴。忽然风吹灯灭，有人乘机拉了一下许姬衣裙，许姬顺手将其帽缨摘下，快步上去告诉楚庄王："有人轻薄我，我已摘其帽缨，请大王迅速命人点灯查出狂徒。"楚庄王听罢，急命："暂缓点灯。"并让群臣通通摘掉帽缨，开怀痛饮，稍后才命人点灯，众文武均不知其意。

次年秋，楚郑两国激战，副将唐波自告奋勇舍身杀敌，立下大功。楚庄王要重赏，唐波却跪叩说："小人不敢领赏，小人舍身杀敌是报大王遮掩我调戏王姬，赦我杀头之罪的恩典，将功补过。”至此，文武百官方知绝缨之故，无不慨叹：“若大王当日不是绝缨掩过，而明烛治罪，何来今日效死杀敌的大将呢?”

有些时候，管理者在批评下级时，有些问题不便直说，可以采用间接委婉的办法。最好的方法应该像理发师给顾客刮胡子一样，只有先抹上肥皂泡，软化胡子一下再刮，就比较容易。批评人也是这个道理。批评只有被下属真心接受，口服心服，才会有效。

但是，并不是所有的批评都可以达到这样的目的。因为批评和被批评的过程通常不是在平心静气中进行的。管理者可能因为事情没有办好而恼火，下属可能因为某种原因而委屈，甚至反感。

因此，在下属做错了某件事情的时候，指责可能是必要的，目的是唤起他的责任心，在他的脑子里形成一种警戒。但是仅有指责是不够的。管理者在批评下属之前需要首先搞清楚事情的来龙去脉，以免冤枉了人。

管理警句 ★★★

批评只有一个合理的目的与作用——那就是提醒犯了错误的人不要再犯。

7. 用人不疑，疑人不用

用人不疑是用人的一个重要原则。

当然这个“不疑”是建立在自己择用人才之前的判定、考核的基础上。不用则罢，既用之则信任之。管理者只有充分信任下属，大胆放手让其工作，才能使下属产生强烈的责任感和自信心，从而激发下属的积极性、主动性和创造性。所以说，一旦决定某人担任某一方面的负责人后，信任即是一种有力的激励手段，其作用是很强大的。

大家都有过这样的感受，当你的上司怀疑你的能力或人品时，你定会火冒三丈，要找他理论一番。脾气稍微温和者从此会士气低落。更有毒辣者，会暗中使坏。这些都源于一个“疑”，结果给单位带来了极坏的影响。

因此，身为管理者，一定要引以为戒。切记，疑人不用，用人不疑。

诸葛亮被刘备请出茅庐时，年仅27岁，刘备对他以师礼相待。关羽、张飞的年纪均长于诸葛亮，追随刘备多年，劳苦功高，两人对刘备如此重视诸葛亮，很不理解，说：“孔明年幼，有甚才学？兄长待之太过，又未见他真才实学。”刘备却说：“吾得孔明，犹鱼之得水也。”刘备对诸葛亮如此重视，当然不是没有根据的，他在隆中对策中已经觉察到了诸葛亮的经天纬地之才，因此才给予他以极大的信任和权力。正因为这样，诸葛亮才得心应手地指挥全军人马，慑服居功自傲的关羽、张飞，充分发挥了自己的卓越才能。

刘备信任诸葛亮是始终不渝的，直到他生命的最后关头。彝陵之战后，刘备在白帝城临终时把儿子刘禅托付给诸葛亮，让刘禅对诸葛亮“以父事之”。刘备还对诸葛亮说：“君才十倍曹丕，必能安邦定国，终定大事。若嗣子可辅，则辅之；如其不才，君可自为成都之主。”封建帝王对臣下说出这样的肺腑之言，在中国历史上是罕见的，既说明刘备是以大局为重的贤明君主，也说明他对诸葛亮的信任达到了无以复加的地步。对刘备的知遇之恩，诸葛亮刻骨铭心，在辅佐后主刘禅的生涯中，倾心竭力，无私奉献，鞠躬尽瘁，死而后已，为蜀国后期的生存和发展耗尽了毕生的精力。

现在，国外一些企业非常强调“面向人，重视人”的管理。这种管理的关键是对下属的信任。人性有其共同的特点，就是希望使自己成为重要的人物，得到组织的承认和重视。基于这一点，在管理中充分地信任下属，使之时时处处感觉到自己在受上司的重视，无疑是对下属的鞭策。美国坦登计算机公司董事长詹姆斯·特雷比格说过：“我们的出发点是，雇员都是成人，不是孩子。”可以说，信任就是力量，信任会给事业带来巨大的成功。

用人不疑，信任下属，有很多好处：

信任可以增强下属的责任感。作为管理者，只有对下属充分地信任，以信任感激励下属的使命感，下属才能更加自觉地认识到自己工作的重要性，才能在工作中尽职尽责。白帝城托孤，诸葛亮深深地感到刘备对自己非同一般的信任，同时，也深感责任的重大。因此，“夙夜忧虑，恐付托不效，以伤先帝之明”。在履行治国治军的职责时，一丝不苟，严肃认真，兢兢业业。

信任可以增强下属的主动进取精神。《寻求优势》一书中有这样一句话：“实际上，没有什么东西比感到人们需要自己更能激发热情。”信任就意味着放权，管理者因信任下属，也就敢于放权，下属得到了工作的主动权，就能放开手脚，积极大胆地进行工作，有所发明，有所创造。彝陵之战时，刘备大军压境，东吴连吃败仗，孙权拜年轻的将领陆逊为大都督，并取佩剑给陆逊说：“如有不听号令者先斩后奏。”并大胆地放权，“阃以内，孤主之；阃以外，将军制之。”陆逊主动进取，创造性地工作，最终取得了彝陵之战的全面胜利。

对下属信任，一来可以展示管理者宽阔的胸襟与诚实的人品，换来下属对你的信任与尊敬；二来可以作为一种兴奋剂，刺激下属竭尽全力，办好事情。因为谁也不愿在别人面前丢面子，显得自己很无能。得到了上司的信任，正是表现自己的绝好时机，谁也不愿放过。所以，一句信任的话、一个鼓励的眼神都是展示领导魅力、换取下属忠心的有效办法。

当然，信任要看对象，不能对什么人都深信不疑。信任是有条件的，这个条件可归结为两点：一是下属的德，二是下属的才。德与才可根据不同的情况有所侧重，也可以根据不同情况对德才的外延进行适当调整，但两者不可偏废。多疑固然是管理者致命的弱点，但也不能不加分析地都深信不疑。下属做某件事是否尽职，担任某个职务是否称职，都要深入地进行考察。要实事求是地信，实事求是地疑。当信则信，当疑则疑。刘禅之所以被称为昏君，就是应当信任的，疑而不信；应当怀疑的，信而不疑。

诸葛亮四出祁山，战场形势对蜀汉非常有利，但后主刘禅听信谗言，怀疑诸葛亮有异心。中了司马懿的反间计，调诸葛亮回成都，失去了一次进攻中原的良机。姜维六伐中原，刘禅又犯了同样的错误。从刘禅身上，我们还可以得到管理者应当兼信而不偏信的启示。诸葛亮死后，刘禅最信任的是曲意奉迎的宦官黄皓，而把正直无私的文官武将排斥在信任的圈子之外。于是贤人渐退，小人日进。纲纪废弛，朝政混乱，终于使蜀汉亡国。

信任你的下属，实际上也是对下属的爱护和支持。古人云：木秀于林，风必摧之。特别是对于担当生产、销售、试验、拓展、探索者角色的下属而言，容易受人非议、蒙受一些流言蜚语的攻击，那些敢于指出管理者错误，提建议、意见的，那些工作勤勉努力犯了错误并努力改正的，管理者的信任是其最后的精神支柱，柱倒而屋倾，在这种状态下，管理者切不可轻易动摇对他们的信任。

管理警句★★★

你信任人，人才对你真实，以伟人的风度待人，人才表现出伟人的风度。

8. 好口才是管理者能力的表现

一个人的魅力能够直接影响到他是否给对方以吸引力，尤其是管理者的口才，它能充分反映出管理者处理各种事件的能力，关系到他是否具有良好的人际关系等很多问题。

能够吸引对方，说服别人，是管理者必备的一种能力。说服别人要有充分的理由，一味地说空话、套话是不管用的。

旁征博引往往会使管理者的说服工作更有力量，这要以丰富的知识作为前提，否则，你的说服工作便成为无源之水、无本之木。培根曾经讲到，读书足以怡情，足以长才，读史使人明智，读诗使人隽秀，数学使人周密，科学使人深刻，伦理学使人庄重，逻辑思维学使人善辩。

如果管理者是一个知识浅薄的人，那么他的语言也就不可能有见地，说服工作也会漏洞百出。说不定你去说服他人，到最后反被对方说服。

你的话语里若是没有一句至理名言，没有一丝真知灼见，没有一处幽默的描绘，没有一个形象的比喻，没有一条值得称道的独特见解，没有一点儿真实的情感，但你仍不自量力地去说服别人，那么，你的说服将是苍白无力的，你只能做一个平庸的说服者。

1915 年，丘吉尔以海军大臣的身份，命令英国海军航空队教他开飞机，军官们无可奈何只好遵命。刚开始，他刻苦用功，拼命学习，把全部业余时间都搭上了，连他的教练也累得吃不消了。

有一次，天气突然变得十分恶劣，一段 16 英里的航程丘吉尔竟然花了 3 小时才抵达目的地。着陆后，丘吉尔暗自庆幸，急忙从机舱里跳出来，却不料那架飞机竟然再次腾空，一头撞到海里去了。

原来丘吉尔忘了操作规程，在慌乱之中又把引擎发动起来。他装作茫然不知的样子自我解嘲地说："这飞机真不够意思，刚离开我，又一个人私奔和大海约会去了。"

碰到这种令人难堪的事发生之后，运用自嘲能使管理者的自尊心通过自我排解的方式得到保护。同时，又能体现出说话者宽广大度的胸怀和幽默的语言技巧。

第二次世界大战时期，丘吉尔率代表团到美国访问，与美国总统罗斯福研究共同抗击德国法西斯的问题，下榻在白宫。一天，他在会议刚刚结束之后，便跑到白宫的浴室里泡澡。当他正光着身子在那里踱步时，突然有人敲响了浴室的门。"进来吧，进来吧。"他忘了自己是在洗澡。门打开了，推门而进的是美国总统罗斯福。罗斯福看到丘吉尔一丝不挂，便十分尴尬地想退出去。丘吉尔连忙说："进来吧，总统先生。"他伸出双臂，大声说："大不列颠的首相是没有任何东西需要对美国的总统隐瞒的！"说罢，两个人哈哈大笑起来。

你的说服力是同你的知识多少、学问深浅成正比的。明白了这个道理，你就应该在学习和实践中不断加强自己的修养。

"冰冻三尺，非一日之寒。"只有平时努力、刻苦的积累，等到用的时候，才能厚积而薄发，言简而意赅，说出的话也才有分量。

说服别人话越少越好，不要喋喋不休，应努力加强语言的力度。说话要有内容，不要空洞说教，言之无物。还要条分缕析，脉络清晰。

一些管理者在做下属的说服工作时，喜欢从头到尾流水账一样，罗列许许多多理由。这些理由堆积在一起，既无主次之分，又无重点可言，让人听了不知所云。眉毛胡子一齐抓，因而失去了劝说语言应有的力度。

不懂得有效节制自己的语言，是恶劣的语言表达习惯之一。你总是唠唠叨叨，没有中心，重复拖沓，别人会认为彼此都在浪费宝贵的时间。而且你废话连篇，会使情绪不好的人变得愠怒，哪怕再有耐心的人，也会听得昏昏欲睡。

管理警句 ★★★

一句温暖的语言，暖和漫长的冬季。

9. 距离产生威严

孔子说过："临之以庄，则敬。"就是说，管理者不要和下属走得过分亲近，要与他们保持一定的距离，给下属一个庄重的面孔，这样可以获得他们的尊敬。

管理者与下属保持距离，具有许多独到的驾驭能力：

首先，可以避免下属之间的嫉妒和紧张。如果管理者与某些下属过分亲近，势必在下属之间引起嫉妒、紧张的情绪，从而人为地造成不安定的因素。

其次，与下属保持一定距离，可以减少下属对自己的恭维、奉承、送礼、行贿等行为。

再次，与下属过分亲近，可能使管理者对自己所喜欢的下属的认识失之公正、干扰用人原则。

最后，与下属保持一定的距离，可以树立并维护管理者的权威，因为"近则庸，疏则威"。

作为一名管理者，要善于把握与下属之间的远近亲疏，使自己的管理职能得以充分发挥其应有的作用，这一点是非常重要的。

有些管理者想把所有的下属团结成一家人似的，这个想法是很可笑的，事实上也是不可能的，如果你现在正在向这方面努力，劝你还是赶快放弃。

退一步说，即使你的每一个下属都与你八拜结交，亲如同胞兄弟。但是，你想过没有，你既然是本部门、单位的管理者，那么，你与下属之间除去有兄弟般的关系以外，还有一层上下级的关系。当部门、单位的利益与你的亲如兄弟的下属的利益发生冲突、矛盾时，你又该如何处理呢？

所以说，与下属建立过于亲近的关系，并不利于你的工作，反而会带来许多不易解决的难题。

在你作出某项决定要通过下属贯彻执行时，恰巧这个下属与你平常交情甚厚，不分彼此。你的决定很可能会传到这个下属的手中就会出现两种情况：他如果是一个通情达理的人，为了支持你的工作，会放弃自己暂时的利益去执行你的决定，这自然是最好不过的。但是，如果他是一个不晓事理的人，就会立即找上门来，凭借他与你之间的关系，请求你收回决定，这无疑是给你出了一个大难题。

你如果要收回决定的话，必然会受到他人的非议，引起其他下属的不满，工作也无法开展。

如果不收回决定，就会使你与这位下属的关系恶化，他也许会说你是一个太不讲情面的人，从而疏远你。

与下属关系过于密切，往往会带来许多不必要的麻烦，造成管理者工作难以顺利进行，影响管理者的形象。

管理警句 ★★★

如果人和人之间能永远保持三五米距离，也许有很多人会更开心。

10. 苦练自身，提升素质

培养良好的心理素质，不是一朝一夕、短期内就可以见效、完成的事情，需要在日常的学习工作和生活中进行知识的积累，经过实践的磨炼，循序渐进地完成。只有经过长期不懈地努力，一点一滴渗透到人的内心里，进入人的本质中，人们在活动中才会表现出令人叹服的心理素质。

第一，勤学。

培养良好的心理素质，一个很重要的方法，就是勤于学习。

作为现代社会中的各级管理者，不断地学习专业知识及有关管理学、心理学等方面的知识是十分必要的，这是培养良好心理素质的重要途径。

管理者不断地钻研专业知识，成为专业方面的行家里手，有助于信心和信念的建立，也能间接地稳定情绪。因为广博的专业知识基础，能使管理者在计划的制订、方案的规划和目标的选择上，持有科学的依据，对他人意见的正确与否、有用与否有客观的判断标准，在遇到困难时，能使对未来的预测有现实的和理论的根据。总之，不会出现外行管理内行的局面，不致给工作造成损失。由于有专业方面的知识，还能有利于管理者发现、选拔人才等。这种善于向书本学习知识的例子屡见不鲜。

三国时期的东吴大将吕蒙，一向被人认为是一位猛将。在战斗中，他常如猛虎下山，勇往直前，奋勇杀敌，深得孙权的赏识，因战功累累，被提为大将。但他因小时不曾读书每当有事上奏，只能请人代笔。因此，许多人认为他是一个有勇无谋的武夫。面对他人的轻视和嘲笑，吕蒙深感自己学识浅薄，发愤要好好补上这一课。在孙权的指点下，他利用军中的空闲时间，常挑灯夜读，将《孙子》、《六韬》、《国语》等一一研读过，终于学有所成，前后判若两人。不屑于与吕蒙为伍的鲁肃，偶尔到吕蒙那里去。在宴会上，吕蒙向鲁肃询问天下事，而鲁肃态度轻慢，好久不屑一答。于是吕蒙郑重地发表了自己对时势的看法，以及应该采取的对策。他那精辟的论断，使鲁肃态度逐渐缓和下来，进而离座靠近，专心倾听，频频点头表示赞许。等吕蒙说完之后，他赞叹道，没想到你才学如此长进，再不是从前的吴下阿蒙了。吕蒙后来辅佐孙权，智取荆州，为东吴立下了赫赫战功。

第二，苦练。

培养良好心理素质的另一条途径是苦练。学习，毕竟只是一种理念上的，停留在认识层次上的东西，还没有通过行动逐渐地渗透到人的本质中，还没得到巩固，是一种飘忽不定的、没有稳固下来的感受、认识。所以管理者不仅要注意学习，更要重视苦练。苦练本身就是一种坚强意志的表现，是更深层次的学习。

毛泽东是一位特别注重在实践中磨炼自己意志的伟人。早在湖南长沙读书时，毛泽东为了锻炼自己的专注力、不受外界干扰的能力和聚精会神的精神，时常带上书到闹市里去看、去读，在熙熙攘攘的集市上来逐渐培养自己的专心和耐心。经过不断的练习，他慢慢养成了身处闹市心静如水、专心致志而不受影响的读书能力。

第三，不断更新观念。

培养良好的心理素质，还需时常更新观念，紧跟时代的步伐。不然思想僵化，以旧的标准来衡量人和事物，势必对这也看不惯，对那也不满意，常常会怨天尤人、牢骚满腹，甚至义愤填膺。

观念的更新，意味着人的价值标准、道德标准等都发生了变化，由此对他人的看法和要求就不同，这将大大影响人的情绪及对他人的接纳程度。现在我国正处于社会的转型时期，一切呈现出多元化的状态，许多不合理的现象并存。人们看待问题、评价事物的标准都发生了很大的变化，人们已能接受以前许多不理解或认为不合理的事情存在。例如合资企业的产生、个体经济的盛行等。然而，社会上仍有一部分人的观念没有转变过来，对社会上的一些事情看不惯，对他人的行为要求非常苛刻，对一些事情还会有一些强烈的不满，工作中、生活上就难得会时时理智、心情舒畅。这样对人对己都没有好处，反倒使自己有一种被社会抛弃、落伍的感觉。

因此，更新观念直接关系到人们如何去观察问题、认识问题和解决问题，关系到对自己对他人的情绪反应和宽容程度，直接关系到人的心理成熟程度和健康状况。可以说，更新观念是培养良好心理素质的必经之路，不可忽视。

管理警句 ★★★

管理者的心理素质在管理者的工作中起着关键性的作用，它与管理者所从事的事业的成败密切相关。因此，管理者必须注重良好心理素质的培养，在平时就加强勤学苦练，并紧跟时代的发展，时常更新观念，为走向事业的成功打下坚实的心理基础。

趣味测试：

学习能力测试

1. 喜欢记忆背诵诗句、文章。

A. 经常　　B. 偶尔　　C. 从不

2. 喜欢看报纸、杂志，而不管是不是看得懂。

A. 经常　　B. 偶尔　　C. 从不

3. 提出诸如“什么时间开始的”一类问题。

A. 经常　　B. 偶尔　　C. 从不

4. 喜欢自己观察某一种东西。

A. 经常　　B. 偶尔　　C. 从不

5. 对新鲜的事物表现出兴奋。

A. 经常　　B. 偶尔　　C. 从不

6. 可随音乐起舞或演唱。

A. 经常　　B. 偶尔　　C. 从不

7. 常问闪电是怎么回事、云是如何形成之类的问题。

A. 经常　　B. 偶尔　　C. 从不

8. 如果他在你非常熟悉的故事中更换一个词，你会立即更正过来。

A. 经常　　B. 偶尔　　C. 从不

9. 可轻而易举地学会骑自行车、溜冰等。

A. 经常　　B. 偶尔　　C. 从不

10. 很愿意扮各种角色，并喜欢编故事，自己做主角。

A. 经常　　B. 偶尔　　C. 从不

11. 走街过巷，能指出这里或那里你曾经到过。

A. 经常　　B. 偶尔　　C. 从不

12. 喜欢听各种乐器演奏，凭乐声便能判断出是哪种乐器。

A. 经常　　B. 偶尔　　C. 从不

13. 擅长绘制地图和描绘物体。

A. 经常　　B. 偶尔　　C. 从不

14. 善于模仿人的各种动作和表情。

A. 经常　　B. 偶尔　　C. 从不

15. 乐于按照大小和颜色对玩具进行分类。

A. 经常　　B. 偶尔　　C. 从不

16. 会进行推测，比方会说："小蝌蚪一动不动，肯定是饿坏了。"

A. 经常　　B. 偶尔　　C. 从不

17. 听故事的时候乐于设想下面的情节。

A. 经常　　B. 偶尔　　C. 从不

18. 可对不同声响进行评论。

A. 经常　　B. 偶尔　　C. 从不

19. 当初次见到某人时，往往会说："他使我联想起某某。"

A. 经常　　B. 偶尔　　C. 从不

20. 能准确判断自己能干些什么或不能干些什么。

A. 经常　　B. 偶尔　　C. 从不

计分：A = 3 分，B = 2 分，C = 1 分

说明：

25 分以下者学习能力有待提高。26 ~ 44 分者具备一定的学习能力。45 分以上者具有很强的学习能力。

·第七章·
提高管理者的创新意识

ZHUOYUE GUANLIZHE SUZHI XIULIAN

我们之所以不断前进，开拓新的项目，尝试不同的事情，是因为我们好奇，而正是这种好奇引领我们走向新的方向。

——沃特·迪斯尼

1. 创新是有计划的冒险

不管做什么事，都会有风险。然而，风险既含有危险的一面，又隐含机会的一面。跨越风险便是坦途，机会就呈现在你的面前。

大凡成功的管理者总是既能清醒地躲避风险，又常常知难而进，善于作出常人不敢作出的选择，善于从风险中寻找发展的机会。

美国成功学大师金克拉说："我所见过的成功管理者中，几乎所有的人都有一个共同的特点，就是不怕承担失败的风险。每一种尝试都要承担失败的风险，否则你要怎么办呢？一事不做，一事无成，默默以终？如果你真的什么都不做，确实可以避免失败，可是你同时也跟成功绝缘了。生命中，也许承担的事物或多或少都要承担一些风险，如果你不尝试的话，就做不到也得不到。不要害怕去为自己的梦想奋斗，正如维尔·罗杰斯曾经说过的：'有时候你总得探头到枝头上，因为那才是结果的地方。'"

但在现实生活之中，很多管理者为了求得所谓的稳定，总在按程式办事，或尽量躲避风险。

当然，试图将风险率降至为零的政策势必与现实相抵触。它的结果是必然使创造力枯竭，杜绝创新并使社会停滞不前。

总之，如果不冒险，那你什么事都甭干。作为管理者，要是想让人人都满意，那最好是待在家里，钻到被子里读读连环画杂志好了。管理者的关键，就是不能遇到压力就低头，否则，肯定一事无成。那样虽然可以大大减轻工作重担，但是能有什么建树呢？

成功的管理者，无不具有雄才伟略。他们勃勃的雄心在没有实现之前，在普通人看来是一个不可企及的梦想，是一般人在做白日梦时都不会出现的海市蜃楼。

很难讲这些“梦想”在很大程度上是建立在理性分析之上，但是命运往往垂青那些敢于“做梦”的管理者。因为如果连“梦”都不敢做，更谈不上激发创造的火花，冒险尝试，获得惊人的成功。纵观美国商界，没有哪位大亨不具野心，没有哪个是因偶尔的运气而暴富。他们的光荣就筑于梦想之上，越来越大的梦想化作滚雪球般增大的财富。

这类“梦想”成功人士的典型代表则是世界旅店大王希尔顿，他说：“我所说的梦想和空想是截然不同的。空想是白日做梦，永远难以实现。也不是人们所说神的启示，我所说的梦想是指人人可及，以热诚、精力、期望作为后盾，一种具有想象力的思考。”

希尔顿认为，完成大事业的先导是梦想，并配合以祷告、工作，否则祷告就失去了意义。这两者好像是梦想的手和足一样。或许，偶尔有些运气的成分存在，不过，如果没有一份完美的宏伟蓝图，不敢将梦想付诸实践，一切都是白费。

一切都是白费！记住这6个字的结论。为什么许多人工作十几年甚至几十年，忙忙碌碌却终无所成呢？因为他们没有梦想，一切都是机械、被动地去做，像上了发条的机器，他们尽管兢兢业业地工作，一丝不苟，但最终还是为他人作嫁衣裳。

有作为的管理者不仅敢于闯荡天下，孜孜寻“梦”，而且在经营过程中勇于做“疯子”：作出超乎常人的“疯狂”决策，“疯狂”地坚持自己的目标，坚定地按自己的梦想去做，并不断从一次又一次的失败当中吸取教训，进一步完善和发展自己的管理和经营方法，改进技术，百折不挠，最终得到“成功”的回报。

具有现代思维和进取意识的管理者，都应该知难而进、锐意进攻、胆识超人，敢于将梦想付诸实践。只有这样的管理者，才能最终取得事业上的真正成功。

正如史密斯所说：“领导人物走在队伍前面，并且一直走在前面。他们用自己提出的标准来衡量自己，并乐意别人用这些标准要求自己。最好的领导人物就是能不断成长、发展、学习的人。”

无论是战胜逆境还是创造独特的事物，激动人心的挑战与冒险总是最有益于管理者做好工作的。冒险的形势有助于产生成就感和自我价值感。枯燥无味、令人生厌的任务不会促进管理和高效。使管理者及下属激动的是具有挑战性和冒险性任务自身的价值。解决一个独特的问题，发现什么新的事物，这样的机会会使人们精神抖擞。

当然，冒险总免不了差错和失败，为此，管理者应创造对错误和失败宽容的气氛，减轻下属对失败及惩罚的恐惧。即使建议没被采纳，也不能一味否定，特别是对那些颇有创造性的员工，不喜欢把自己和长久无效的工作联系在一起。

你不要过多看重如何防止失败发生一类的问题，这会导致下属对创新方案中的缺点和弱点特别敏感，从小心行事到避免惩罚，结果是只求安全而缺乏创造性。要扭转这种局面，除了尽可能关注方案中积极方面之外，还要允许下属对其设想进行试验，提倡有计划地冒险，并给予合理的差错界限，要把差错看作是一次学习的机会。

要怎么教导别人，让他们更具创新能力呢？一个很好的方法是，要求他们以整体的观念来处理问题。

为了追求组织的成长，作为管理者必须创造出大家勇于实践的环境，相信员工可以从错误中学习，所以希望员工为了达到完美的结果尽可能多地去尝试不同的事物。鼓励员工多加实验，应该是管理者的目标。

对组织的发展而言，也必须运用比以往更聪明的方式进行实验。当你摘下妨碍视野的传统“有色眼镜”，就会对自己激励员工全力以赴所取得的成就深感惊讶。而营造出能敦促员工以换位的角度来思考的环境，就能不断想出新的另类创意，也赋予员工更大的自由，鼓励他们冒险。鼓励创新的实验和创新精神，就必须让他们知道，失败了也没关系。

创新要尽量减轻下属的后顾之忧和畏难情绪，从而提高下属的自主意识和独创精神。即使需要批评，也应是具有建设性并要讲究因势利导的方法。你应该成为组织创新的催化剂而不是拦路虎，并且成为下属可以信赖的人而不是一个控制者或监督者。在共同关系中，你和下属之间，以及下属和下属之间的创造性和协作精神，会得到更大程度的发挥。

许多管理者说自己乐于见到创新的做法，也期待见到创新，但同时也告诉员工："只要别搞砸就行了。"然而，所谓失败，有各种定义。如果某个小组实验了一些新的做法之后，说："这就是所有事实，而无法成功的原因如下……"

这不是失败，这是一种学习的经验，而且经常是通往成功之路的里程碑。

下属受到这样的思考程序刺激时，便会有更大的成长与学习动力。如果我们不了解这些现象背后的真理，便无法有足够的实力作出正确的决定。反之，如果我们回过头去了解这些事情发生的根本起因，便可以作出正确判断。这是得到真正创新能力的方法。

千万不要要求组织中的所有下属成员，都按着你的思维方式思考问题。千人一脑，不利于组织的发展壮大。人的思维方式决定着组织事业发展的高度。

管理警句 ★★★

♛ 冒险总免不了差错和失败，为此，管理者应创造对错误和失败宽容的气氛，要减轻下属对失败及惩罚的恐惧。

2. 万变不离其宗

用人之道是管理者、下属和环境三者交叉作用与交织影响的过程。用人之道除了随环境而改变外，还要考虑使用对象这一重要因素，也应该随对象的不同而不同。日本的片方善治指出：“不了解对象，就不可能发挥管理作用。”用人者要学会利用自己的用人经验，经常改进用人方式，使自己随时适应新的被用者和新的用人情况。

不同的使用对象其素质、能力以及相关的情况均有不同，这种使用对象的差别性要求管理者的作风及方式具有可变性，随对象不同而有所不同。使用对象的差别性往往会使不善权变的管理者捉襟见肘，显得无能。要想用人得心应手，有效地组织、调度、指挥、使用对象，管理者必须了解对象、熟悉对象，善于权变，善于根据不同对象采用不同的作风、方法和手段。

精通权变的管理者，他的用人风格并不是单一的，而是一种复合的可变的作风形态。他也许会觉得对某个对象必须采取坚决、毫不含糊和明确运用权力的管理方式，而对另一对象则认为应该采取松散、自由和共同磋商的管理方式。一个用人者其用人风格的多样性，集中体现于对不同使用对象施以不同的管理作用。

管理者在活动中运用权变方法，是通过具体的权变行为实现的。权变行为由知觉、反应、调节和对策四个环节构成。

知觉，是指管理者对使用对象环境的感知和认识。善于权变的管理者首先应具有敏锐的洞察力，能够对客观事物有所真知和深知，能从细微的征兆中察觉到变化，能从各种渠道捕捉变化的信息。

反应，是指在知觉事物变化后作出的思维判断。权变的用人者当察觉使用对象和环境的变化后，能够立即开动思想机器，迅速而正确地分析变化的原因，弄清变化的程度和规模，并决定付诸行动。

调节，是指对变化反应的同时关于自己行为的调整和改变。灵活的管理者善于把自己的行为调适到合乎客观事物变化要求的程度上，他们一般表现出处变不惊、遇乱不慌、临危不惧，能沉着镇定、从容不迫地完成行为调适过程。

对策，主要是指对变化所采取的实际行动。擅长权变的用人者，其对策是主动积极的，是果断正确的，也是巧妙有效的，有时还是出其不意的。

按照权变方法论实施的用人行为，其表现特征应有如下四点：

（1）兵无常势，水无常形

《孙子兵法·虚实篇》讲：“兵无常势，水无常形。”用人之道也像流动无常的水、变幻莫测的用兵一样，没有固定不变的模式，这是由于构成用人之道的人和事的多样性和复杂性所造成的。用人之道的不定性使得用人方法必然是因时、因地、因人、因事进行变化。这种变不是一般的变，而是变通的变，其特点有二：一是趋时而变，讲求时机时效；二是灵活而变，无常规常法。权变的用人行为以变通为手段，随机而变，以变应变，以变制变。

（2）适宜的方法就是最好的方法

权变行为把适宜作为行动的基本原则，没有绝对的好方法，适宜的方法就是最好的方法。权变用人观坚持从实际出发的方针，它虽然承认各种用人之道既有相似性又有差异性，但它仍然强调要寻求用者与被用者、用人环境之间的一致性。这种一致性集中体现于适宜，要求管理者的行为必须正好符合被用者的情况和用人环境的情势。权变的适宜性使得管理者一定要从事物的共性中去寻找个性，在矛盾的普遍性中去求特殊性，并通过个性和特殊性把握共性和普遍性。

（3）趋利避害

权变把是非的衡量、轻重的权衡作为出发点，目的是为了趋利避害。

因此，趋利性就成为权变行为一个必不可少的特性，这是权变的内在本质所规定的。趋利性通过管理者自身的价值平稳去实现，当管理者面临采取权变行动时，他们总是用各种标准和原则与自己“交谈”。这时，各种价值观都正式或非正式地推向管理者，管理者抛弃那些在自己看来不足取的，吸收那些自己认为可采用的并纳入自己的价值体系，经过这样一番价值平衡之后，他们才作出使行动朝有利方向发展的对策。

（4）以谋略取胜

权变的目的不是为了进行实力的角逐，而是以谋略取胜，因此，权变讲究方略，讲究技巧。《汉书·艺文志》指出：“权谋者，以正守国，以奇用兵，先计而后战，兼形势，包阴阳，用技巧者也。”

权变行为的四个特征互相联系、互相制约，共同作用，不能缺少任何一个。变通性是权变的核心，离开了变通，不成其为权变；适宜性是权变的保证，只有适宜，权变才行得通，才是有效的；技巧性是权变的羽翼，它使权变神通广大，无所不至；趋利性是权变的出发点和归宿，它为权变指明方向和途径。这些权变的内在规律性，使权变明显地与无原则的权宜和欺世盗名的技术有着本质区别。权变并不是居心叵测，也不是诡异难料，它正大光明，它有规律可循，它是科学。

应当指出的是，权变的变也不是绝对的，它有不变的一面。权变的依据完全在于是非和利弊，因而无论怎样权变的用人者，他总是从自己的立场出发来变。权变应“万变不离其宗”，这就是不变的一面。

管理警句 ★★★

“兵无常势，水无常形。”用人之道也像流动无常的水，变化莫测的用兵一样，没有固定不变的模式。权变的用人行为以变通为手段，随机而变，以变应变，以变制变。

3. 摆脱单一的思维方式

创新是人类社会进步与发展的前提，创新思维是人类特有的认识能力和实践能力，是人类主观能动性的高级表现，是推动社会发展的不竭动力。一个管理者要想具备非常规的管理能力，就一时一刻也不能没有创新；一个管理者要想拥有号召力，就必须不断根据实践的要求进行创新思维。

管理者的创新思维是时代的要求和历史的必然，最终目的在于推动事业的发展。当今世界，管理者如何正确认识和处理社会发展过程或实际工作中出现的新情况、新挑战，需要立足于新的实践，把握住时代特点，研究现实中的重大问题，用创新的思维作出新的回答。唯有创新、创新、再创新，才能解决层出不穷的新矛盾、新问题，才能不断把我们的事业推向前进。管理者的创新离不开充满生机与活力的创新思维，这是时代的要求和历史的必然。

很多时候，并不是管理者的天才能力成就了某项事业。相反，而是那些事情本身极具挑战性，迫使管理者不得不变换多个角度去思考同一问题，以寻找妥善的解决之道；同时，在选择衡量最佳方法的过程中，他们发现了应对各种挑战的有效方式。可以这样说，创新的思维方式，成就了那些卓越不凡的管理者。

有一个故事很值得我们玩味：

从前，所罗门国王在臣民中享有崇高的威望，人民对他的英明睿智和明断是非十分尊敬。一天，下属带着两名妇女和一个婴儿来打官司，两名妇女都声称自己是这名婴儿的母亲，请求所罗门国王进行公正裁决。这个官司还真把所罗门国王难住了，从这两名妇女的表情和陈述中都没有发现什么破绽，他一时无法判定到底谁是孩子的母亲。而他一旦出错，就会永远破坏一个家庭。

这个难题揭示了管理者所面临的困境：

第一，世界如此复杂，即使是国王也不知道世界的全部。

第二，人是复杂的，所罗门王既要显示作为国王的权威，又想知道事实的真相；真正的母亲因为爱孩子所以想得到他，撒谎的母亲不爱孩子也想得到孩子；掷硬币的办法简单易行，然而这种仅凭权威作出的决定一旦失误，无疑会损害国王给予臣民幸福的责任。所罗门国王故事的结果大家可能都知道，他放弃了通常采用的法律程序，选择了一个超常规的做法：他命令手下卫士把婴儿劈成两半，一人分一半，公平解决。结果，其中的一名妇女听到这个恐怖的命令之后吓得放声大哭，提出自己宁愿放弃这个孩子。而她就是这个婴儿的真正母亲。至此，通过恐吓性的心理测试，案件的结果水落石出，困境迎刃而解。

在这个故事里，所罗门国王并没有把这案件本身看作一个直截了当的、非此即彼的选择，而是深入思考这个问题，穿过法律和事实的范畴，挖掘到情感和心理的深处。他运用了自己的聪明才智重构了整个事件，为自己寻找到了解决的方法，从而把自己、婴儿以及他真正的母亲都从困境中解脱了出来。整个过程不动声色，毫发无伤，却显示出所罗门国王敏锐的思维和高超的管理能力。

在现实世界里，作为管理者，你可能经常会面临类似的两难抉择。在这个日益变化的世界里，下属的动机各式各样，每个组织成员价值和利益取向都复杂无比，而却要求管理者带领各种不同的组织成员去追求共同的组织目标。这就决定了所有需要管理者解决的问题不是简单的对与错、是与非的两维世界，而是要作艰难的决定。

而管理者的使命，则在于摆脱困境。也正是困境把那些杰出的管理者与普通人区分开来：一般人即使他身处高位可能也会选择非此即彼、直截了当，其结果往往会顾此失彼；而管理者哪怕位处卑微也会小心从事，凭耐心、智慧和坚持超越困境。而正是不断思考，不断超越困境，最终会造就真正的管理能力。

管理警句 ★★★

每个组织成员价值和利益取向都很复杂，而却要求管理者带领各种不同的组织成员去追求共同的组织目标。这就决定了所有需要管理者解决的问题不是简单的对与错、是与非的两维世界，而是要作艰难的决定。

4. 做能创新的“火车头”

苏联心理学家达维多夫曾说过一句话：“没有创新精神的人永远也只能是一个执行者。”

不断进取的创新开拓能力，是现代管理者必须具备的能力之一。如果没有旺盛的进取心，就会被时代抛弃。

因为管理过程具有综合性、复杂性、多变性的特点，所以，管理者工作是一种创造性的活动。这种创造性的活动就需要管理者具有不断进取的创新开拓能力。尤其是在现代科学技术日新月异、信息瞬息万变的时代，工作的多变性和动态性更加显著，形势复杂多变，机会转瞬即逝。

管理者如果不善于提出新问题，开拓新领域，就无法跟上形势的变化，就只能使自己的工作处于被动。不断进取的创新开拓能力，是现代管理者必须具备的能力之一。

美国第32任总统罗斯福就是一位极具创新能力的管理者。

1929~1933年，资本主义世界爆发了一场最严重、最持久的经济大危机，其中以美国所受的危害最深。

当时的美国总统胡佛面对日益严重的经济危机，只知道墨守成规，还是一味推崇亚当·斯密提出的，100多年来对资本主义经济发展起过巨大推动作用的“看不见的手”理论，奉行自由放任的经济政策。

1932年，在总统竞选中，胡佛除了毫无根据地发表盲目乐观的演说外，拿不出任何新政策摆脱经济危机。而罗斯福则针对美国经济危机，深刻地分析其原因，大胆提出“为美国人民实行新政”，要用政府力量调节和改革经济。

后来，新当选的总统罗斯福采纳凯恩斯理论彻底放弃自由放任的经济政策，实行国家干预经济政策。罗斯福总统为美国人民实行的新政，是一个大胆创新之举，“新政”使美国逐步摆脱经济危机，获得新的经济增长，也标志着资本主义世界自由放任经济时代的结束，国家调节干预经济政策的开始。罗斯福的新政，也使他能够成为美国200多年来最具影响力的总统的原因之一。

由此，我们可以看到，每一个成功的管理者都需要具有开拓创新能力。如果没有强烈的进取心，就会被时代所抛弃；没有开拓创新的能力，就只能因循守旧，墨守成规，工作就自然没有起色。

胡佛总统在经济危机面前正是缺乏创新能力，墨守成规，所以连任竞选失败。而罗斯福正是依靠他的创新能力，当上总统。

管理警句 ★★★

人最重要的创造力是能带头，而不是人家带了头，你在后面走。

5. 管理者要有环视360°的视野

一名成功的管理者，必须具备下面十种重要的素质：

- 具有灵活性；
- 不怕冒风险；
- 有敏锐的经营头脑；
- 具有远见卓识；
- 能看清捉摸不定的形势；
- 战略灵活；
- 重视消费者；
- 善于交流；
- 善于鼓励；
- 不断学习。

假如管理者要带领我们去从来没有去过的地方，不管是哪一个下属，都会渴望管理者具有方向感。在管理过程中，管理者的这种预见未来的能力确实会显得非常重要。唯有具备展望远景和预见未来的能力，才能称得上出色的管理者。

管理活动的实践告诉我们，下属通常希望管理者能“向前看”，拥有“长远的眼光或方向”。

当组织中的所有成员，都以同样的思维方式考虑问题时，组织潜在的危险就会很大。因此，每个管理者都希望自己眼光独到，高瞻远瞩。然而，这一切最终取决于你的思维跨度有多大。

能够大跨度思维的管理者，才能成为大才。敏锐的思维能力可以帮助管理者从容应对工作中的窘境，在竞争中立于不败之地。

经常进行反向思维和矛盾思维有助于拓展人们思维的跨度。在“变是唯一不变”的全球竞争环境下，管理者是否可以跳出原有的思维定式，突破自己固有的思维局限，挑战以往的成功模式和战略手段，是考验管理者心理素质和魄力的重要环节。

一个思维跨度大、敏锐性强的管理者是不会躺在过去的成绩上睡大觉的。他一定会不断否定自己，突破自己，战胜自己，向自己挑战，向明天挑战，向未来挑战，只有这样的管理者才有机会成为未来的佼佼者。

人们常常把成败归于命运，实际上却不是这样。有个故事讲的是：两个农民进城打工，口渴了在饮料摊前买水喝，摊主告诉他们水两块钱一瓶。这时，一个农民想：我们乡下，水是不要钱的。这儿连水都要钱，看来在这儿不好生活，我得回去。另一个农民却想：我们乡下，水是不值钱的。这儿连水都能卖钱，看来在这儿好生活，我要留下。结果，走的还是农民，留下的成了企业家。运动员比赛时如果要取得好成绩，身上似乎存在两种非常矛盾的特质：既要全神贯注，有强烈的获胜欲望；又要随时保持放松的心态，不能紧张。管理者在拓展思维的跨度时，要学会运用思维的矛盾性。

> 微软公司董事长比尔·盖茨就是这样一个矛盾的集合体。他和蔼可亲，但有时也会大发雷霆；一向谦逊待人，但有时也表现得非常自负。在他身上，“始终如一”这个词失去了意义。他是一个讲究实际而又具有丰富想象力的人。他能用心灵的眼睛看出技术发展的方向，并知道如何去实现。
>
> 创业之初，盖茨就看准了科技发展的方向，找准了能在科技浪潮中始终立于巅峰的产品。尽管微软市场庞大、规模可观，但他还是能灵活迅速地作出一些变动。比如，最近他意识到了自己曾经忽视了因特网的作用而马上作出调整。

尽管他聘请了他所能找到的最优秀的科技人员，但是公司里大部分人都得承认，他对像每一个螺丝螺母这样的细节都和他们一样清楚。

这两种倾向是很难同时发生在一个人身上的。拘泥于现实中的琐事会使一个人丧失想象力；想象力丰富又容易让人好高骛远，不能脚踏实地。而盖茨却成功地将这两者融于一身。在大多数人身上互不相容的东西，在他身上却兼容并蓄。

因此，管理者需要有非常好的远见和环视360°的视野。要能够提前觉察到出现的任何事物，不仅能看到眼前发生的事，同时还能预见到组织内部和外部环境所要发生的一切。

管理警句 ★★★

管理者再也不能把自己的思维定格于怎样创造性地有效整合组织内资源，而要把它置于全球经济发展格局中去思考，以世界性的战略眼光经营未来，才能立于不败之地。

6. 该转舵时要转舵

1945年10月，蒋介石密派杜聿明的部队以武力改组了云南政府，并以“明升暗降”的方法迫使“云南王”龙云到重庆就任军事参议院院长，龙云从此失势，过着形同软禁的生活。

1946年5月，龙云随国民党政府“还都”南京，饮食起居依然受到管制。

1948年秋，龙云得到消息，蒋介石要劫持他去台湾，这使他本来就抑郁的心情更加焦灼不安，于是下决心脱离虎口。

几经波折，他终于想到了老朋友陈纳德。

陈纳德是美国人，抗战时期，他以志愿者的名义，自组飞虎队援华。珍珠港事件后，他任14航空队司令，驻在昆明，从而与龙云结下了友谊。日本投降后，陈纳德弃军从商，在华任民航大队队长。

负责和陈纳德接头的是龙云的同乡刘宗岳和朱志高。陈纳德虽已是商人，但依旧保持着军人本色，重道义且性格直爽。他当即表示，只要不和法律及“公开的命令”抵触，愿尽最大的努力。三人经过多次商议方定下出走计划——陈纳德派特别助手魏罗伯以公司名义视察上海、南京两处的航空站，在一个约定的日期，民航派专机飞往南京。

1948年12月，年关将近。为了麻痹看守的特务，龙云大肆操办年货，杀猪宰羊，腌肉……似乎要热热闹闹地过一个新年。

12月8日这天，龙云起得特别早，兴奋和忧虑交织在一起。

上午9点15分，朱志高接到刘宗岳的电话，告知陈纳德特派的专机已由魏罗伯驾驶从上海抵达南京，便和龙云同乘一辆吉普车出发。龙云改变往日乘轿车的习惯，也是为了麻痹特务。吉普车行动前，由三辆轿车先行驶离戒备森严的龙宅，且分别向两个相反的方向开，引开监视者。

朱志高戎装坐在驾驶室，从他的梅花肩章上，可知他是上校军官。吉普车后座上，龙云一副绅士打扮：穿一套藏青色西服，头戴呢帽，外罩大衣，一只眼睛包着绷带（龙云的这只眼睛因受伤而失明），另一位坐在后座的是龙云的贴身侍卫陈天德，他负责照顾龙云的起居。

10分钟后，龙云与魏罗伯在约定地点会合，穿上民航的皮大衣，改乘魏罗伯驾驶的小轿车，一溜烟地来到南京军用机场。

经过机场时，魏罗伯漫不经心地回答守卫的盘问："民航队的！"因汽车上有飞虎队的标志，守卫检查，多半是睁一只眼闭一只眼，况且看到右边坐着一位全副武装的上校，知道来头不小，立刻打手势放行。

一行数人很快登机，乘务员撤去扶梯，驾驶员发动引擎，飞机滑入跑道，全速升空。

12 点 15 分，飞机在上海虹桥机场着陆加油。打开机门，身材高大的陈纳德偕翻译舒伯炎大踏步地登机迎接龙云。

一时间，龙云倍感世态炎凉，人情冷暖，当时无法用语言来感谢这位古道热肠的异国朋友。

陈纳德送来水果和雪茄。飞机再次临空，龙云从窗户望去，看到陈纳德还在挥手致意，不免有些愧疚，因为龙云并未把他远走香港的整个计划全盘告诉陈纳德。

三个半小时后，飞机在广州白云机场降落。

机场内，军警林立，龙云一行不免杯弓蛇影，踌躇不前。只见刘宗岳面孔铁青，朱志高也将军服换下。但长时间滞留机上，更恐检查人员起疑心，若登机盘查，反而会出现意外。遂决定：由刘宗岳扶着龙云走下航梯，一旦有人盘问，则称龙云乃刘家老人。机场内的军警未加干涉，他们顺利地出了机场。

机场出口处，陈纳德之妻陈香梅女士早已恭候多时。

一行人在新华饭店进餐，并商定晚上 8 点整乘轮船赴香港。

饭后，距离开船时间尚早。朱志高提议，搬出酒店，改乘出租车到广州市区兜风。7 点 55 分，龙云等人混入人群，登上盛京轮，总算闯过最后一关。5 分钟后，汽笛长鸣，盛京轮奔向香港。

要想成为一名优秀的管理者，必须具备一定的应变能力。若有突然事故发生，能随机应变，立即采取措施补救；在事情尚未发生时，能够及时预料到可能出现的结果；在制订计划时，要看到中途可能发生的变化，因而提前做好准备，这样才能确保万无一失。

管理警句 ★★★

♛ 现实的发展有时会出乎我们意料之外，适当的变通是相当必要的。

7. 创新是需要行动的

具有创新精神的管理者，如果注意把自己的创新方法应用于工作中的细微之处，就会产生非常积极的影响。创新不只是“想”出来的，主要是“做”出来的。创新的主要含义就是超越旧的，没有较高甚至很高的素质和水平，是难以做到的。要想具有强大的生命力，就必须有强大的竞争力；要想具有强大的竞争力，必须具有强大的创新能力。

吉姆·哈顿是美国一家电子仪器厂的管理者。一天，吉姆在下班时偶尔听到了两个女工的对话。一个说：“这个工作真是糟糕透了，搞得我疲惫不堪，其实并不是很累，只是它使我的腿相当疼。”另一个说：“我也一样，所不同的是我必须不停地弯腰，这使我的脖子像抽筋一样，我不得不干一会儿歇一会儿。”

这段对工作不满的对话使吉姆产生了很大的疑惑：为什么

会这样呢？女工从事的都是些比较轻松的装配工作，本应不会有人感到过分劳累才是。

突然间吉姆想到：抱怨腿痛的那个女工个子矮小，而抱怨脖子抽筋的那个则是个瘦高个，是她们的身材不适合工作台的高度而产生了身体不适。于是，他想出了一个好主意，把整个部门的工作岗位重新分配一下。

第二天早上，女工们发现整个部门都重新安排过了。所有高个子的、中等身材的以及矮个子的女工们，分别被安排到她们自己的新位置上。吉姆和助手帮助她们调整了桌椅高度，所有的灯具、搬运箱的摆设、悬挂的气压螺丝推进器以及其他的各种工具，都进行了调整。结果再也没有人抱怨工作令身体感到不适，生产效率也大大提高了。

也许你认为是合理的事情其实并不合理。多到下面走一走、想一想，看看员工是怎样说的，该为他们做些什么，因为每个人的状况千差万别。关心别人，也就是在为提高工作效率。你可以设计一张调查问卷，把你自己和下属的个人行为以及组织行为中，凡是“一直都这么做”的项目逐条单列出来。按照“绝对重要”、“比较重要”、“不太重要”等三种条件，对每一条进行反思：“是否需要创新和改进?”“对培养创新能力和创新精神有无益处?”等。

如果答案是“绝对重要”，那就得保留下来；反之，就找出改变的办法。这种质询现状的过程，有助于培养你和下属共同发现问题和解决问题的能力，以便随时发现和取消每一项愚蠢的规定以及每一项不必要的程序。

有一句老话：“东西没有坏就不要去修理。”没有什么比这样的态度更令创新窒息了。在你所管理的组织内部，在每个工作环节总有些需要改进和处理的事情。坐在办公室里，你永远也不会发现和找出这些问题。走出去，到下面的各个部门转一转，和下属多交流一下，以寻找和确定那些似乎不怎么对头的事情。

具有创新能力的管理者和普通管理者之间的区别是，前者总是能够抓住灵感，他们留心自己的创意，并且总能在创意溜走之前把它记下来。

大约20万盎司的矿石能淘出1盎司黄金。创新也是一样。具备耐心和毅力并不断挖掘，无论是你自身还是你管理的组织和员工都会获益匪浅。时代向管理者提出了创新的要求，也提供了创新的条件。我们处在一个变化的环境里，只有创新才可以打破常规，才可以突破自己的传统思维。创新的基础是同自己比，同自己竞争，向自己的过去成绩挑战，只有这样才能不断超越过去、创造未来。

管理警句 ★★★

在你所管理的组织内部，在每个工作环节，总有些需要改进和处理的事情。坐在办公室里，你永远也不会发现和找出这些问题。走出去，到下面的各个部门转一转，和下属多交流一下，以寻找和确定那些似乎不怎么对头的事情。

8. 用好异性相吸的原理

俗话说："男女搭配，干活不累。"单位的男女比例失调，确实不方便开展工作，男人有男人的优点，女人有女人的长处，互相弥补、互相配合，有利于工作的开展。

"我们公司里没有男孩子，做起事来实在没意思。"

"公司内缺乏男性，每天又做同样的事，做久了真觉得枯燥乏味。"

这种话多出自女性。

青春期的男女青年最需异性朋友。只要与异性一起做事，或在同一办公室工作，做起事就格外起劲。这种情形并非恋爱的情感，或者寻觅结婚对象，而是在同一办公室中，如果掺杂异性在内，彼此性情在不知不觉中就会调和许多。以前的公司内，有些部门专是男性负责，有些部门全是女性，并非故意如此安排，实则是因工作上的需要，不得不如此。在纯男性或纯女性部门中，经常有人发牢骚，情绪非常不平稳。于是有人建议安置一些异性进去，结果情况大为改观，他们不再那么愤世嫉俗，工作情趣陡升，工作绩效也大为提高。

员工们都认为办公室内若有异性存在，就可松弛神经，调节情绪。男女混合编制，不但提高工作效率，也可成为人际关系的润滑剂，产生缓和冲突的弹性作用。但是，在众多男性中只掺杂一位女性，或者许多女性中只有一位男性，这样做也是不妥的。阿芳是一个研究部门中唯一的女性。刚开始时，男同事们都很尊重她，大家的合作很愉快，她也很高兴。可是时间一长，她缺少与同性谈话的对象，内心积聚太多不满，再加上研究工作压力又大，她的精神都快要崩溃了。

所以，男女混合编制也不是完美无缺的。有效的男女编制至少要有20%以上的异性，同时也希望彼此年龄能够相仿，因为彼此年龄悬殊，可能形成代沟，也不会合得来。现代的年轻人，多半认为男女交往是一件正当的事，对自己的行为也大多能负责，所以管理者无须过分担心。

工作上不可能有男女混合编制时，应该常举办康乐活动或男女交谊团体活动，增加男女交谊机会。工作场所皆是同性的从业人员，因公司内部不可能举办男女交谊的活动，本身就应常参加有异性的活动，例如多参加区域性的青年活动。公司方面也不妨鼓励员工多参加公司以外的活动，这对公司是裨益良多的。

管理警句 ★★★

♛ 单位是一个有男女组成的整体。物理学上有条规则："同性相斥，异性相吸。"管理者用人，应用其妙。

趣味测试：

创新能力测试

说明：

创造性人才在企业中越来越重要，这类人才能够创造性地完成工作，不会为困难吓倒，不会因为条件不具备而放弃努力。在寻找创新、开发、管理方面的人才时，必须考虑人才的创新能力。

测试题（1）：创新思维能力测试

下面是10个题目，如果符合你的情况，则回答“是”，不符合则回答“否”，拿不准则回答“不确定”。

1. 你认为那些使用古怪和生僻词语的作家，纯粹是为了炫耀。

2. 无论什么问题，要让你产生兴趣，总比让别人产生兴趣要困难得多。

3. 对那些经常做没把握事情的人，你不看好他们。

4. 你常常凭直觉来判断问题的正确与错误。

5. 你善于分析问题，但不擅长对分析结果进行综合、提炼。

6. 你的审美能力较强。

7. 你的兴趣在于不断提出新的建议，而不在于说服别人去接受这些建议。

8. 你喜欢那些一门心思埋头苦干的人。

9. 你不喜欢提那些显得无知的问题。

10. 你做事总是有的放矢，不盲目行事。

测试题（1）：创新思维能力测试评分标准

题号	“是”评分	“不确定”评分	“否”评分
1	1	0	2
2	0	1	4
3	0	1	2
4	4	0	-2
5	1	0	2
6	3	0	-1
7	2	1	0
8	0	1	2
9	0	1	3
10	0	1	2

评价：

得分22分以上，说明被测试者有较高的创造思维能力，适合从事环境较为自由、没有太多约束，对创新性有较高要求的职位，如美编、装潢设计、工程设计、软件编程人员等。

得分21~11分，则说明被测试者善于在创造性与习惯做法之间找出均衡，具有一定的创新意识，适合从事管理工作，也适合从事其他许多与人打交道的工作，如市场营销。

得分10分以下，则说明被测试者缺乏创新思维能力，属于循规蹈矩的人，做人总是有板有眼，一丝不苟，适合从事对纪律性要求较高的职位，如会计、质量监督员等职位。

测试题（2）：创造力测试

下面是20个问题，要求应聘者回答。如符合他的情况，则让他在（　　）里打上“√”，不符合的则打“×”。

（1）听别人说话时，你总能专心倾听。（　　）

（2）完成了上级布置的某项工作，你总有一种兴奋感。（　　）

（3）观察事物向来很精细。（　　）

（4）你在说话以及写文章时经常采用类比的方法。（　　）

（5）你总能全神贯注地读书、书写或者绘画。（　　）

（6）你从来不迷信权威。（　　）

（7）对事物的各种原因喜欢刨根问底。（　　）

（8）平时喜欢学习或琢磨问题。（　　）

（9）经常思考事物的新答案和新结果。（　　）

（10）能够经常从别人的谈话中发现问题。（　　）

（11）从事带有创造性的工作时，经常忘记时间的流逝。（　　）

（12）能够主动发现问题以及和问题有关的各种联系。（　　）

（13）总是对周围的事物保持好奇心。（　　）

（14）能够经常预测事情的结果，并正确地验证这一结果。（　　）

（15）总是有些新设想在脑子里涌现。（　　）

（16）有很敏感的观察力和提出问题的能力。（　　）

（17）遇到困难和挫折时，从不气馁。（　　）

（18）在工作遇上困难时，常能采用自己独特的方法去解决。（　　）

（19）在问题解决过程中找到新发现时，你总会感到十分兴奋。（　　）

（20）遇到问题，能从多方面多途径探索解决它的可能性。（　　）

评价：

如果20道题答案都是打“√”的，则证明创造力很强；如果16道题答案是打“√”的，则证明创造力良好；如果有10～13题答案是打“√”的，则证明创造力一般；如果低于10道题答案是打“√”的，则证明创造力较差。

测试题（3）：工作创意测试

下面是10个题目，请在括号中的备选答案中选择一个。

（1）你在接到任务时，是否会问一大堆关于如何完成任务的问题？（肯定0分，否1分）

（2）你在完成任务过程中，是否不善于思考，而习惯于找他人帮忙，或者不断来问别人有关完成任务的问题？（肯定0分，否定1分）

（3）在任务完成得不好时，你是否会找出一大堆理由来证明任务太

难？（肯定0分，否定1分）

（4）对待多数人认为很难的任务，你是否有勇气和信心主动承担？（肯定1分，否定0分）

（5）当别人说不可能时，你是否就放弃？（肯定0分，否定1分）

（6）你完成任务的方法是否与他人不一样？（肯定1分，否定0分）

（7）在你完成任务时，领导针对任务问一些相关的信息，你是否总能回答上来？（肯定1分，否定0分）

（8）你是否能够立即行动，并且工作质量总能让领导满意？（肯定1分，否定0分）

（9）工作完成得好与不好，你是否很在意？（肯定1分，否定0分）

（10）对于做好了的工作，你能否很有条理地分析成功的原因和不足？（肯定1分，否定0分）

评价：

如果受测试者能够得10分，就很棒了，能够得7分以上则过得去，如果低于7分，就不尽如人意了，如是低于5分，受测试者就简直是一个木头人。

·第八章·
管理者要懂得愿景管理

ZHUOYUE GUANLIZHE SUZHI XIULIAN

昔日的老板只知员工是为他们工作的，这种想法为昔日的管理者所共有；而明天的管理者与员工有着共同的价值观和共同的目的，他们引导员工去实现既定的目标。

——杰克·韦尔奇（通用电气公司前首席执行官）

1. 激励员工的工作热情

作为管理者尤其是现代企业的管理者，不仅仅要了解员工的内心需要，还要为他们多发奖金、多说好话来调动他们的工作积极性。人是复杂的，要让他们努力工作，需要施展一些巧妙的手段。

管理者要让下属了解工作计划的全貌及看到他们自己努力的成果，员工越是了解公司目标，对公司的向心力就越强，就会更愿意充实自己，以符合公司发展的需要。

玫琳·凯用自己的名字创建了国际知名的化妆品公司。在谈到管理者方法时，她说："善用激励艺术"是自己用人之道的成功所在。公司的理念被高度概括为：激励使人成功。

在玫琳·凯化妆品公司中，"人"是最重要的——公司全体员工以"人对公司的向心力"而自豪。玫琳·凯说，她财务报表中的词代表"人们"和"热爱"，而不是"收益"和"损失"。关心别人的信念，其实并没有与追求利润的公司目标相冲突。当然，要关心公司的利益和损失，但玫琳·凯不把它放在最重要的位置。

用玫琳·凯的话说就是：如果你以诚待人，激励下属，他们的工作效率会更高，那么利益就接踵而来。同样，如果你对员工滥用职权，他们的工作能力和积极性就发挥不出来。这种副作用直接带到工作中，蒙受损失的是你的公司。

人是事业的根本。玫琳·凯化妆品公司的总部设在达拉斯，一进总部大门，赫然入目的是比真人还要大的该公司全国销售主任的照片，这样的设计充分体现了玫琳·凯视人才为公司最宝贵资产的思想。

一般公司的管理者常常炫耀的是自己最雄厚的资金、先进的生产线、新建的高层建筑和最先进的设备。而玫琳·凯则认为她最宝贵的财富是公司里的人才，并为拥有这样一支有知识、有能力、有胆量、善于领会管理者意图、长于经营管理、敢于接受挑战的人才队伍而骄傲。“任何一家大型企业之所以能够发展、兴盛，完全靠的是公司里的首屈一指的人才。”这是玫琳·凯从自己几十年的创业生涯中得出的结论。

玫琳·凯深谙励志用人之道，她的管理哲学和用人艺术熔东西方优点于一炉，既有美国现代化管理，又有东方的感情管理。

正是由于玫琳·凯个人的热情，使员工们从感情上信赖公司，从而在行动上服务于公司。上下协同一致，以一种奇妙的力量推动玫琳·凯化妆品公司向前发展。

一个管理者得心应手地指挥好下属，让大家围绕管理者的意图而充分发挥其积极性，那么这个管理者驾驭全局就可以游刃有余。而如果一个单位存在着较大的不平衡状况，就会有一部分下属与管理者之间存在着不同程度的对立情绪，管理者的意图在一部分下属中就难以得到全面的、积极的实施，甚至有人可能故意制造障碍来干扰管理者的正常工作，使你无法有效地驾驭全局。

热爱工作、关心你的员工，你就能够得到下属的爱戴。爱是相对的，与爱相反的是憎恶，这也是一种相对的情绪。

管理警句 ★★★

♛ 激将法有智愚高下之分，管理者掌握好其分寸尺度，灵活发挥，机智应用，可以让你在需要员工拿出他们最大的力量拼死效力时，派上绝妙的用场。

2. 集中目标，全力以赴

许多成功的管理者都是在洞察市场的变化、研究其发展规律基础上，准确把握目标和发展方向，通过对美好愿景的描述和比喻，把他们所拥有的使命灌输到人们的思想中去，这不仅使他们所追求的理想世界变得生动可信，而且还能最大限度地获得人们的认同。

战线太长是兵家的大忌，应该尽可能地避免。因此，大凡成就卓著的军事谋略家，其过人之处往往就在于此，善于从众多的矛盾中找出主要的起决定作用的矛盾，集中全力加以解决，而不是眉毛胡子一把抓。作为企业的管理者也是一样，目标不能太多、太散，不能没有重点。

管理者个人确立了组织目标，对于组织发展是远远不够的，更重要的工作是建立组织共同的价值观。只有组织成员共同拥有真心投入或遵从的全体目标，才能产生群体行动，并激发起更大的责任感和创新精神，从而使目标产生激励作用。成功的管理者关注成员的个人目标、洞察其深层次的内容，运用能力和技巧将个人目标转化为群体目标。

如果你对自己组织的目标尚不能肯定，你就无法告诉员工组织的优势何在。更不能带领大家突破前进过程中所遇到的障碍。

东汉末年，军阀割据曹操的势力之所以不断地发展壮大，原因之一是他面对大大小小的割据势力，决不四面出击，而常常是拉一个打一个。在战术上，曹操也常常力求目标集中，全力以赴。《三国演义》中，在击败势力强大的袁绍于仓亭时，曹操采纳了谋士程昱的“十面埋伏”之计，打得袁氏父子抱头痛哭，袁绍吐血不止。刘备由于惧怕衣带诏之事泄露，借机脱离了曹操的控制，占据了徐州。刘备兵微将寡，曹操率领20万大军分兵五路下徐州，又在小沛城外八面埋伏，打得刘备丢盔弃甲，狼狈逃窜。清人毛宗岗评价说：“狮子博兔博象皆用全力，曹操可谓能用兵矣！”

所以，事业上要取得成功，管理者应当有自知之明，量力而行。

常言道，艺高人胆大。在屡战屡胜之后，管理者往往缺乏冷静的头脑，对自己的实力缺乏正确的估计。曹操在基本统一北方后，又率军席卷荆襄，自恃强大。却忽视了自己的很多弱点，避长就短，导致赤壁之战大败。相比而言，陆逊确实略高一筹，猇亭大胜，仍然能够保持冷静的头脑，不是深入西川，而是适可而止，避免了两线作战的被动局面。

在经营管理中，有些管理者由于经营成功，以为无所不能，最终导致了经营的失败。据载，国外有一位房地产商人，先是做一座建筑物的生意，接着增加到两座，随着信用的增大，终于扩展到别的业务。到后来，居然记不清自己手头到底有多少宗交易。他回忆说：“刺激得很，我在试验自己的极限。”终于有一天，银行来了通知，说他扩张过度，冒了太大的风险，并停止给他信贷。这位奇才终于失败了。

作为团队中的管理者，必须要掌握大家的期待，并且把期待变成一个具体的目标。其实大多数人并不清楚自己的期待是什么。在这种情况之下，能够清楚地把大家的期待具体地表现出来，就是对团体最具有影响力的人。客观世界中一切事物的运动和发展是不以人的意志为转移的，每当一个美好的愿望产生时，必须要考虑到客观条件的可能与否。任何社会组织的财力和物力都是有限的，任何管理者的精力、能力也是有限的。而世界上的许多事物，对于一个群体组织来说，往往是力量集中才能办好；管理者目标太多太散，势必会导致群体组织力量的分散和管理者精力的分散，结果往往会事与愿违，很容易陷入被动乃至失败的境地。

一位哲人说过：“与其花许多时间和精力去凿许多浅井，不如花同样的时间和精力去凿一口深井。”

管理警句 ★★★

♛ 一个人不能骑两匹马，骑上这匹，就要丢掉那匹。聪明人会把凡是分散精力的要求置之度外，只专心致志地去学一门，学一门就要把它学好。

3. 期望有多高，收获就有多大

期望可以被视为一种自我实现的预言，对某人的期望使得这个人去实现这种期望。

在罗宾斯的《管人的真理》一书，举过这样一个例子：

> 105 名以色列士兵参与了一个训练课程。4 名教官被告知这些士兵中 1/3 的人潜力很大，1/3 的人潜力一般，另外 1/3 的人未知。事实上，研究者只是把这些士兵随机地划分成这三类。既然他们是随机分组的，这 3 组本应有相同的表现。但是，在教官被告知士兵有高潜力的小组中，学员在客观成就测试中取得了最高的分数，而且态度最积极，对他们的管理者更尊敬。

这个例子说明了期望的力量。在学员被假定为高潜力的组里，教官从学员身上取得了相对好的效果，因为教官本来就期望如此。

培养并发展自信心是改进管理者能力的基础。自信心与领导艺术是相辅相成的。如果下属们接受了你的管理，你的自信心就会增强。相反，如果你不被下属们接受为管理者，你的自信心就会减弱。

我们知道，一个缺乏自信的人，性格上往往怪癖、乖戾，对别人永远保持怀疑的眼光。这些现象使得管理者对缺乏自信的下属，感到特别棘手。尤其这类下属会经常自怨自艾地说道：

“我既没有能力又没有学历，说的话怎么会有人听呢?”

“哪有门路让我出头？我又不认识半个有名气的人!”

“以前有过失败的经验，所以我已经看开了!”

栽培下属，水涨船高。必须看到，有种普遍的似是而非的观念正在阻碍管理者教育下属的工作。他们总是担心把下属培养起来会取代自己的地位。事实上，下属的能力越强，管理者的成绩也就越大，这是一个双赢的结果。

然而，对于那些缺乏自信的下属，即使给他们再多的头衔，或者让他们承担再多的任务，他们还是会找借口，为自己辩解，将工作表现差劲的责任推给别人。这类下属还喜欢发牢骚、容易嫉妒别人、扯别人后腿、在组织中搞小集团，弄得团队中的人员士气低落、缺乏活力。应付这种下属最好的方法莫过于让他们重新拥有自信，并且经常赋予他们期望，发掘他从未被人发掘的特长。

将以色列士兵的训练方式运用到管理工作中会给我们以很大的启发，它会告诉管理者可以得到他们期望的绩效。如果把某人看成是一个失败者，他一定会如你所愿。如果认为某人有能力做得更好，他就会竭尽全力来证明你是对的。管理者对别人期望越大，获得的就越多。

为什么对员工的高期望可以导致高绩效？因为管理者的期望会影响管理者对员工的行为。我们知道，下属的绩效直接影响着管理者的绩效。管理者如果不想独自承担所有的重任，就得学会培养人才。只有培养有能力的下属，管理者才可以考虑充分授权。

管理者的成功，在很大程度上取决于如何最大限度地发掘下属资源。对下属资源的开发得越充分，才有可能创造更大的绩效。下属的能力越强，管理者的绩效也就越大。管理者按对员工的期望来分配给员工资源。如果他们对某个员工的绩效期望最高，就会为其投入最多。如果管理者对某些员工怀有期望，这些员工就可以得到更多的非语言的感情支持（如微笑、眼神接触），更频繁且更有价值的反馈、更有挑战性的目标、更好的培训、更多合理的任务，并且管理者对这些员工有更多的信任。反过来，这些做法可以造就有更多技能和专业知识的员工。另外，管理者的支持有助于员工建立自信，使他们更有信心努力工作。

“十年树木，百年树人。”人才的培养需要时间，更需要经历。培养下属要有耐心，要充分培养他们的信心，调动他们的积极性。有耕耘必有收获，期望越大，收获越大，这是始终不变的铁的定律。

管理警句 ★★★

♛ 凡是已达到巅峰的人，都是对自己的事业抱有热情和信心的，它会产生成就，也会感染别人。

4. 创建一个同一目标的“登山队”

成功的管理者关注成员的个人目标，洞察其深层次基础，运用充分的倾听、征询、尊重、说服及个人魅力等能力和技巧，从而将个人目标转化为群体目标。

在商业领域中，企业的管理者就是飞机驾驶员。他的团队由机组人员、地勤人员和供应商等共同组成，乘客就是顾客，企业就是飞机，它不会自己跑动或升空，得依靠飞机驾驶员、员工和客户。在一个企业组织中，任何一个想与企业组织一起腾空高飞的人都是飞行驾驶员。他能够以一个训练有素的飞行驾驶员应有的信心、技能、胆识和远见管理着企业。

管理者，在管理学上的定义是“影响和推动一个群体或多个群体的人们朝某个方向和目标努力的过程”。管理者行为的核心在于影响和推动，其特征在于能够担负目标使命并使其他成员贯彻实施。管理者与被管理者的一个重要区别在于预测和把握方向，其中包括发现并提出理念，倡导并形成行动，观察并解决冲突，调整并防止偏颇。

如果你使用飞机上的对讲机与飞行驾驶员通过话，就会注意到飞行驾驶员的用词得当、表达的意思明白无误。一个优秀的飞行驾驶员是一个能进行有效言语交际的人。

企业管理者也应有效地阐述自己所憧憬的目标，以争取下属的支持。

对未来的目标能有个清晰、明确的看法，是现代管理者的远见卓识在发挥着至关重要的作用，它是绝对不能缺少的。因为远见卓识能够决定管理者的工作能力，它能描绘出未来前景的具体样子，来点燃人们的工作热情，促使人们不断地向前进取。

著名学者瓦伦·本灵斯研究了90位美国最杰出和成功的管理者，发现有4种共有的能力：

第一，令人折服的远见和目标意识；

第二，能清晰表达这一目标，使下属明确理解；

第三，对这一目标的追求表现出全身心的投入；

第四，了解自己的实力并以此作为资本。

成功的管理者能够广泛听取、吸收信息意见，审时度势，从时间、战略和全局上考虑和分析问题，抓住时机，确立目标。同时，试图将目标明确化、愿景化，使下属真正理解并建立信心，持久投入，成为组织的信仰和价值观。

如果说企业是一艘载满乘客的巨轮，那么管理者就是这艘巨轮的船长，他掌控着这艘巨轮的命运。正如船长掌握巨轮的命运一样，管理者就是企业的行动灵魂和精神领袖，这就是管理者无可逃避的定位。一个成功的管理者应当既懂得设计好自己的未来，也懂得设计好企业的未来，并且能够带领自己的下属朝着既定的目标前进，并且能将两者完美地结合在一起。

确定目标无疑是一切管理者行为的起点，但确保企业在前进过程中的平衡则是带领企业顺利走向成功的保障。

世界著名的“本田摩托”生产厂商本田公司的发展，在当初就存在着目标的选择以及决策的风险。20世纪70年代，当时本田摩托在美国市场正畅销走红，公司创始人本田宗一郎却突然提出了“东南亚经营战略”，倡议开发东南亚市场。此时东南亚因经济刚刚起步，生活水平较低，摩托车还是人们可望而不可即的高档消费品，许多人对本田宗一郎的倡议感到迷惑不解。本田拿出一份详尽的调查报告解释说：“美国经济即将进入新一轮衰退，摩托车市场的低潮即将来临。假如只盯住美国市场，一有风吹草动便会损失惨重。而东南亚经济已经开始腾飞。只有未雨绸缪，才能处变不惊。”

一年半后，美国经济果然急转直下，许多企业产品滞销，库存剧增。而在东南亚摩托车开始走俏。本田公司因为已提前一年实行创品牌、提高知名度的经营战略，此时便如鱼得水，公司非但未遭损失，还创出了销售额的最高纪录。

一个成功的、优秀的、伟大的管理者，在进入企业的开始，必须完成的第一件事就是为自己和企业确立目标，清晰地感受自己的责任。管理者应当能够看得够远、看得够清楚，而且能在惊涛骇浪之中、雾气迷茫之时挺身站立，迅速作出决策，朝着正确的方向前进。带领大家奔向目标，奔向胜利。

管理警句 ★★★

♛ 管理者把握着企业之舟前进的罗盘和轮舵，他的目标和定位决定组织的命运。

5. 与人牵手，你的前途更广阔

作为管理者，首先要有宽广的胸怀，善于求同存异，虚心听取各种不同的意见和建议，不要总是对一些细枝末节斤斤计较，更不要对一些陈年旧账念念不忘。管理者的一言一行，都可以成为下属的榜样。

袁绍兴兵往官渡进发前，曾因劝谏袁绍而被囚禁狱中的谋士田丰上书说："今宜静守以待天时，不可妄兴大兵，恐有不利。"袁绍大怒，要杀田丰，由于众将劝阻，才恨恨地说："待吾破了曹操，明正其罪！"大军行至阳武，谋士沮授又进言道："我军虽众，而勇猛不及彼军；彼军虽精，而粮草不及我军。彼军无粮、利在急战；我军有粮，宜且缓守。若能旷以日月，则彼军不战自败矣。"这番知彼知己、颇有见地的话语，又一次触怒了袁绍："田丰慢我军心，吾回日必斩之。汝安敢又如此！"令军士将沮授锁禁在军中等待治罪。袁曹两军对峙于官渡，两个月后，曹操军粮告竭，派人到许昌催粮。使者被袁军的士兵捉住，谋士许攸从使者身上搜出了曹操催粮的书信，往见袁绍说："曹操屯军官渡，与我相持已久，许昌必空虚；若分一军星夜掩袭许昌，则许昌可拔，而操可擒也。今操粮已尽，正可乘此机会，两路击之。"袁绍说："曹操诡计极多，此书乃诱敌之计也。"许攸争辩说："今若不取，将反受其害。"本来就不肯采纳许攸建议的袁绍，忽然收到审配派人送来的一封信，诬告许攸从前曾滥收民间财物，纵容子侄辈多征民税，钱粮归为己有，袁绍对许攸又是一番怒斥。袁绍的暴怒和自以为是的言行，把许攸推向了曹操一边。许攸在无可奈何投奔曹营之后，曾向曹操述及他向袁绍提出的这条建议，曹操大惊说："若袁绍用子言，吾事败矣。"

曹操的做法与袁绍截然不同。袁绍大军杀奔官渡而来，曹操所做的事不是自作主张，而是先与众谋士商议对策，荀攸提出："绍军虽多，不足惧也。我军精锐之士，无不以一当十。但利在急战，若迁延日月，粮草不敷，事可忧矣。"曹操觉得荀攸说得在理，就命令军将出击。当双方处于胶着状态时，曹操军力渐乏，粮草不继，打算弃官渡退回许昌。然而他没有贸然下令退军，而是在决策之前，写信征求留守许昌的荀彧的意见。荀彧反对撤军，在回信中说："公今画地而守，扼其喉而使不能进，情势见竭，必将有变。此用奇之时，断不可失。唯明公裁察焉。"对于不同意见，曹操不仅没有像袁绍那样动辄大怒，反而大喜，令将士效力死守。许攸投奔曹操，曹操喜不自胜，略事寒暄，马上向许攸请教破袁之计。许攸献上乌巢烧粮的奇计之后，曹操立即采纳，并亲率五千士兵前往乌巢，一把火烧得袁军上下皆无战心，曹军八路人马直冲袁营，袁军四散奔走溃不成军。官渡之战，曹操取得了决定性的胜利，为统一北方奠定了坚实的基础。

官渡之战的胜利，是与势弱的曹操善于集思广益分不开的，而势力强大的袁绍之所以败北，是其独断专行所致。曹操处处注意让下属参与决策，一旦下属提出正确的建议，便立刻采纳，保证了决策的正确性。袁绍处处自以为是，下属提出不同意见，要么斩、要么囚、要么斥，导致了一次又一次的决策错误。诸葛亮在《出师表》中谆谆教导后主刘禅，对待郭攸之、费祎、董允等文臣："宫中之事，事无大小，悉以咨之，然后施行，必得裨补阙漏，有所广益。"对待向宠等武将："营中之事，悉以咨之，必能使行陈和睦，优劣得所。"诸葛亮"集众思，广忠益"的思想，目的就在于保证决策的正确。事实证明，管理者一个人说了算容易导致决策的失误，调动下属参与决策的积极性，可以保证决策不出或少出偏差。

世界零售企业龙头沃尔玛的"周六例会"最能体现其集思广益的企业文化。每周六早上7：30，公司高级主管、分店经理和各级同人近千人集合在一起，由公司总裁带领喊口号，然后大家就公司经营理念和管理策略畅所欲言、集思广益。与会者通常会花上一些时间来讲一些似乎不可能达成的创新构想，大家不会马上否决这些构想，而是先认真思考如何让不可能的事情变成可能。做出优良成绩的员工也会被请到本顿维尔总部并当众表扬，这种例会被视为沃尔玛企业文化的核心。参加会议的人个个喜笑颜开，在轻松的气氛中彼此间的距离被缩短了，沟通再不是一件难事，公司各级同人也了解到了各分公司和各部门的最新进展。

决策活动中的集思广益，之所以远远胜于独断专行，是因为决策工作难度非常大，特别是重要决策，不仅需要花费很大的精力，也需要高度的智慧。而仅靠管理者一个人的智力是远远不够的。俗话说，"一人不抵二人智，十人肚里出巧计"，"三个臭皮匠，顶个诸葛亮"。广开思路、广开言路，最大限度地发挥群体的智慧，既可以弥补一个人或少数人智力的不足，也可校正一个人或少数人思维走向的偏差。像袁绍那样的智力水平不高、思维走向常常发生偏差的管理者，最需要下属的帮助，可是他却每每拒绝这种帮助，导致了一次又一次的决策失误。像曹操、诸葛亮那样的管理者，确实有出众的聪明才智，然而其决策行为仍需要下属的智力支持，在官渡之战中，曹操允许并鼓励这种支持，有效地保证了一次又一次的决策成功。

历史发展到今天，高度发达、瞬息万变的社会决定了人类个体智能的辐射领域日趋狭窄。所以，在现代决策管理中，集思广益愈发显得重要，无论是实行首长负责制的组织还是实行委员会负责制的组织，都有最大限度地调动组织成员参与决策积极性的必要。现代管理者的高明之处，主要不在于挖掘自身能力到什么程度，而在于发扬民主有效地利用外在能力到什么程度。

下属有很好的建议，由于种种原因不敢或不肯提出是常有的事。管理者在决策活动中，要想真正调动起下属特别是基层人员的积极性，首先要树立民主决策的观念，并真正体现在行动上。

曹操听说许攸前来投奔的消息，高兴得来不及穿鞋子，光着脚跑出去迎接，“携手共入”、“先拜于地”，堂堂丞相的架子一扫而光。如果说曹操并非事事如此，许多时候还要摆丞相架子的话，那么，首先现代管理者则应该完全平等地对待下属，热情接待前来提建议的下属，认真听取并尊重下属的意见。同时，当下属提出反对意见时，也不能像袁绍那样随意加以指责，而应该冷静地分析反对意见是否有道理，可供采纳的，要虚心接受，不能采纳的，要耐心讲明道理。其次，要采取有效措施激励下属参与决策。曹操在平定并州，商议攻击乌桓时，曹洪等人担心刘表、刘备乘虚袭击许昌，反对攻击乌桓。曹操却听从了郭嘉的建议，率军一路开山填谷，长途奔袭，得胜凯旋后，曹操重赏曹洪等人，说：“孤前者乘危远征，侥幸成功，虽得胜，无所佑也，不可以为法。诸君之谏，乃万安之计，是以相赏，后勿难言。”这种言者有赏的举措，很值得现代管理者效仿。可采取表扬、奖励等办法，激励下属的献策欲望，对那些提出建议采纳后取得显著效益的下属，要予以重奖。对屡言屡中、足智多谋的下属，要提拔重用。

曹操、诸葛亮等人集思广益的做法在当时的历史条件下，确属难能可贵，然而用今天的眼光衡量，还是远远不够的，其间的民主成分非常有限，仍然属于家长式的决策方式。现代管理者的决策行为，如果仅仅停留在曹操的水平上，甚至比不上曹操而近乎袁绍，那就应该将管理者的交椅腾出来，让给更适合的人去坐。

管理警句 ★★★

集思广益是企业发展的动力。

6. 确立目标激励下属完成任务

目标是能激发和满足人的需要的外在物。目标管理是管理者工作最主要的内容，目标激励是实施目标管理的重要手段。设置适当的目标，能激发人的动机，调动人的积极性。目标既可以是外在的实体对象，也可以是内在的精神对象。每个人都有自尊心，都有被尊重的欲望。运用这种心理，可以积极地实施目标激励，充分调动下级的积极性，使其在竞争中完全展示出自己的价值。

一般来说，目标的价值越大，社会意义就越大，目标也就越能激动人心，激励作用也就越强。因此，管理者要善于设置正确、恰当的总目标和若干阶段性目标，以激发人的积极性。设置总目标，可使下级的工作感到有方向，但达到总目标是一个长期、复杂甚至曲折的过程，如果仅仅有总目标，只会使人感到目标渺茫，可望而不可即，从而影响积极性的充分发挥，因此，还要设置若干恰当的阶段性目标，采取“大目标，小步子”的办法，把总目标分解为若干经过努力都可实现的阶段性目标，通过逐步实现这些阶段性目标而达到大目标的实现，这才有利于激发人们的积极性。管理者要善于把近景目标和长远目标结合起来，持续地调动下属的积极性，并把这种积极性维持在较高的水平上。

《三国演义》中描写到：赤壁之战后，刘备、诸葛亮乘机占领了荆州、南郡和襄阳，接着向荆州以南拓展，确立武陵、长沙、桂阳、零陵四郡为攻取的目标。刘备留关羽把守荆州，自己率兵与诸葛亮、张飞、赵云等攻取了零陵。第二个目标是桂阳，赵云、张飞争先要去攻打，诸葛亮劝阻张飞，因为是赵云第一个请战，应该让他去。张飞不服，诸葛亮让他们二人拈阄，阄被赵云拈得。张飞愤怒地说：“我并不要人相帮，只独领三千军去，稳取城池。”赵云接着说：“某也只领三千军去，如不得城，愿受军令。”诸葛亮非常高兴，与赵云立下了军令状，选三千精兵交付给赵云，赵云率兵智取桂阳，得到了刘备的重赏。张飞大叫：“只拨三千军与我去取武陵郡，活捉太守金旋来献！”诸葛亮也很高兴，与张飞也立下了军令状，张飞率三千军士攻打武陵，太守金旋迎战败回，被手下部将射死，武陵被张飞占领。最后要夺取的目标是长沙，刘备写急信通知荆州的关羽，说张飞、赵云各得一郡，关羽回信请求把攻取长沙这个功劳留给他，刘备很高兴，命令张飞去守荆州，让关羽夺取长沙。诸葛亮告诉关羽，张飞、赵云立功，都凭三千军马，长沙太守韩玄手下有一员老将黄忠很难对付，让他多带些兵马。关羽却提出只领自己下属五百校刀手，诸葛亮担心关羽轻敌有失，和刘备带兵前去接应。关羽来到长沙与黄忠大战两天，敌方起了内讧，魏延杀死了太守韩玄，关羽得了长沙。刘备圆满地完成了南征四郡的计划。

虽说刘备、诸葛亮所处的时代，管理心理学还未曾诞生，但是，看了刘备南征四郡的故事情节，倒让人一下子联想起目标激励的原理。刘备迅速占领四郡所用的激励手段，虽说不仅仅是目标设置，但赵云、张飞、关羽兵马不多，却能各取一郡，立功受赏，确实是有赖于目标的激励。

目标要真正起到激励作用，必须具备三个标准：

首先，目标必须是具体的、明确的。确立目标，应该有具体而明确的标准和确切的时间表。《三国演义》中要赵云、张飞、关羽每人攻取一座城池，目标明确而具体，使执行者有的放矢，不仅为个人提供了一种满足感，也有着切实可行的现实感，从而引发出实现目标的巨大动力。如果目标模糊，看不见、摸不着，无疑类似于黑暗中的盲目射击。

其次，目标必须具有相当的挑战性。所确立的目标应该是经过努力可以实现的。目标的难度应以“跳一跳能摸得着”的标准最为适宜。目标过低，不用费吹灰之力，人人都可以实现，没有光荣感，同样也就不会带来满足感，因此会丧失激励的作用。

企业中的管理者，必须要能确实掌握大家的期待，并且把期待变成一个具体的目标，大多数人并不清楚自己的期待是什么。在这种情况下，能够清楚地把大家的期待具体地表现出来，就是对企业最具影响力的人。

管理警句 ★★★

一个人追求的目标越高，他的才力就发展得越快，对社会就越有益；确信这也是一个真理。这个真理是由我的全部生活经验，即是我观察、阅读、比较和深思熟虑过的一切确定下来的。

7. 运筹帷幄，决胜千里

企业管理者在规划远景的同时，有必要让人看到达到远景的过程。团体中的管理者，必须能确实掌握大家的期待，并且把期待变成一个具体的目标，因为大多数的人并不清楚自己的期待是什么。

在这种情况之下，能够清楚地把大家的期待具体地表现出来，就是对团体最具有影响力的人。

在企业的组织之中，只是把同伴所追求的事予以具体化并不够，还必须充分了解组织的立场，确实地掌握客观情势的需求并予以具体化。综合以上两项具体意识，清楚地表示组织必须达成的目标，这样才能在团体之中取得管理权。

> 拿破仑在进攻意大利之前，还不忘鼓舞全军的士气："我将带领大家到世界上最肥美的平原去，那里有名誉、光荣、富贵在等着大家。"
>
> 拿破仑正确地抓住士兵们的期待，并将之具体地展现在他们的面前，以美丽的梦想来鼓舞他们。

如果是以强权或权威来压制一个人，这个人做起事来就失去了真正的动机。抓住人的期待并予以具体化，为了要实现这个具体化的期待而努力，这就是赋予动机。

具体化期待能够赋予动机的理由，就在于它是能够实现的目标。例如，盖房子的时候，如果没有建筑师的具体规划就无法完成。建筑师把自己的想法具体地表现在蓝图上，再依照蓝图完成建筑。

同样的道理，组织行动时也必须要有行动的蓝图，也就是精密的具体理想或目标。如果这个具体的理想或目标规划得生动鲜明而详细，下属就会毫无疑惑地去努力实施并达成。如果管理者不能为下属规划出具体的理想或目标，下属就会因迷惑而自乱阵脚，丧失斗志。

善于带队伍的人，能够将大家所期待的未来远景，涂上鲜丽的色彩。这远景经过管理者的润饰后，就不再是件微不足道的小事，而变成了一个远大的理想和目标。

达成目标的过程或手段，规划得越仔细越好。越上位的目标，其过程或手段就越概略，只要从下位目标一步一步地向上爬，最后一定可以达成目标。

管理警句 ★★★

如果决定太迟，即使是对的决策都会变成错误的。

8. 志存高远，但不能想入非非

管理者应该具有常人所不具备的度量，并不断用新的思想和新的方法不断地教育和引导自己的下属，并用自己的胸怀大志去引导和教育下属。

但是，一个胸怀大志的管理者在制定组织目标时，切不可掺杂过多个人情感因素而想入非非。

人们工作养家糊口只不过是最低需求，每个人都期望事业发展并由此给组织中每个成员带来精神上和物质上的收获，恐怕没有人愿意在一个没有思想、没有方向的组织里长期待下去。

同样，每个管理者更需要有远大的理想。李·艾柯卡在当汽车推销员的时候，就将自己的目标定位在全世界，他要使人们得到最好的服务。这个目标所铸就的品格在组织中的具体表现就是管理者凝聚组织内部各阶层的能力与魅力。

凡是策划谋略，就要以利害得失作为衡量的标准。在这里就需知道什么事有利必有害、有得必有失的道理，不能只看到利而看不到害，只看到得而看不到失。所以，在“因革损益”的时候，必须方方面面都要考虑到，从而有“圆通周备”的措施。力求做到“杜害防弊”，才能说达到了至善至美。不然，就会顾此失彼，难以达到目标了。

如果不知道害存在于利之中，失存在于得之内，这就像老子所说的“福中隐藏着祸，祸中潜伏着福”的辩证道理一样。如果能在远略大计制定、施行之后，执守的人与继承的人，随时做到杜害防弊，自然能达到“苟日新，日日新，又日新”的境界。新就没有弊端。

管理者的理想是组织目标的基础。如果对理想连想的勇气都没有，组织目标的实现就更加遥远。管理者需要不断把握未来发展的趋势，并迅速提出新的想法、思路、建设性的意见或建议，同团队一起确立前进的方向，把自己和下属员工的个人理想融入组织目标中，不断地带领大家超越现实、向既定目标而努力。

“志当存高远”不仅是对成功管理者最一般、最基础的要求，而且目标远大、方向明确也是一个成功管理者的标志。理想、使命、目标、策略对于一个公司的发展和在发展中的每一阶段都是不可或缺的。他们会组成一条金色的链子，维系着组织中全体员工对未来的期望和每天的工作，维系着组织机构和社会环境积极向上的联系，是组织长期、稳定、积极发展的必要条件。

需要注意的是，管理者在把个人理想融入组织目标时不能想入非非。

因为对于组织而言，首要的目标是生存，其次才是发展。无法生存的组织，目标再远大也没有任何实际意义。

辉煌一时的巨人集团，起步时迅速摆脱了小本经营，以500%的年增长速度实现原始资本积累后，在总裁史玉柱的带领下，以豪迈气概迈向了多元化，巨人大厦从拟建18层涨到了70层，投资从2亿元预算涨到了12亿元，以小搏大，不按客观规律办事，最终的结果是巨人轰然倒下。

还有一些国内企业的管理者，盲目地喊出“赶超世界五百强”的口号，其结果不是不了了之，就是因冒进而失败。大家所熟知的三株集团就是一例。三株集团就像夸父逐日一样，追赶着财富，财富却追赶灾难。

成功的管理者都有明确的目标和期望。目标越明确，成功的可能性越大。每个人都有各自的特点，没有完全一样的人。所有的人都有着不同的经历，生活在不同的地位中，有着不同的承诺和责任，便有着不同的目标。

一个成功的管理者往往能全身心地投入自己设计的远景规划中，这增强了下属对他以及他所设想蓝图的信心。他们把管理者所主张、宣扬的事付诸实践，并以管理者的价值观来要求自己。

管理警句 ★★★

♛ 计划需要远大，但计划也要相对而变。

趣味测试：

人生目标测试

你最希望在公园，看到什么样有意思的建筑物？

1. 童话式的糖果屋
2. 充满 SPA 禅风的木屋
3. 有牛有羊的牧场
4. 人文气息的庙宇
5. 豪华独栋的别墅

测试结果：

1. 选“童话式的糖果屋”

你未必不切实际，但你有时会有逃脱现实的渴望，与其说你期待在事业上有所成就，不如说你更希望有一个人能成全你、了解你。

2. 选“充满 SPA 禅风的木屋”

你对物质的享受其实并不那么留恋，物质不过是你实现心灵的用具罢了！你在事业上对自己会有“做什么就要像什么”的期许。

3. 选“有牛有羊的牧场”

你是一个能够同时兼顾事业的理想与家庭幸福美满的人，对你而言，事业与家庭有一项不圆满，都是莫大的缺憾。

4. 选“人文气息的庙宇”

你的事业将不会循着前人铺好的规则走，你的内在风格独特，在事业上将有一番不同于社会现状的作为。

5. 选“豪华独栋的别墅”

你对事业有一番期许，理想高远，希望自己能达到一定的社会地位，另外你也希望自己的经济能力能够同样高人一等。